COPENHAGUE

W0322330

Copenhague
rien que pour vous

Copenhague n'est pas seulement la plus méridionale et la plus souriante de toutes les capitales scandinaves : c'est aussi la seule qui figure au palmarès mondial des villes dotées des meilleures infrastructures ! Vous vous en rendrez très vite compte : ici, la qualité de vie est palpable… dès l'atterrissage. Son autre atout ? C'est une cité à taille humaine – 560 000 habitants ; 1 230 000 avec l'agglomération – où tout est à portée de main. Et de vélo !

Dans un rayon de deux kilomètres (ce que l'on appelle « la ville intérieure »), vous pourrez flâner d'un parc d'attractions (Tivoli) à un château de contes de fe (Rosenborg), en passant par de charmantes boutiques de design qui font la un des magazines de déco, un jardin botanique, un musée des beaux-arts et… la mer en plein centre – le « port intérieur » – où l'on aime à nager au plus fort de l'été. Ou siroter une bière, à l'heure magique où la lumière du soir vient lécher les toits de cuivre verdi et dorer les flèches de Christianshavn.
À la périphérie aussi, tout est ultra-pratique : la plage est au bout de la piste cyclable qui longe la plus grande des îles danoises (*Sjælland,* en français Seeland) ; il faut moins de 15 min de métro pour se retrouver avec son panier à pique-nique au milieu des fougères et des futaies de hêtres ; et trois fois par heure, un « train côtier » vous permet d'aller admirer les sculptures du Louisian qui se découpent sur les eaux bleues du Sund.
Vous voyez : dans l'ancien « port des marchands » promu au rang de Capitale verte de l'Europe en 2014, la vie, ce n'est pas plus compliqué que ça !

Dans les coulisses **du guide**

Vous avez entre les mains la dernière édition de notre guide. Et dernière édition, ça veut dire quoi ? Depuis 15 ans que la collection existe, nous envoyons systématiquement un **auteur** sur place, à chaque nouvelle édition. Sa mission ? Dénicher de nouvelles adresses, flairer les tendances, être à l'affût des quartiers qui bougent, bref, vous livrer le meilleur de la ville.
Et pour les photos, c'est la même chose. Nous avons une équipe de **photographes** qui se charge de réaliser des reportages sur mesure et dédiés uniquement à la collection.

Un Grand Week-end à Copenhague **sur Facebook**

Retrouvez-nous sur Facebook ! Nous partageons au fil des jours les toutes dernières adresses, nos photos coups de cœur, les événements à ne pas manquer, les trucs et astuces qu'il faut connaître, et surtout nous répondons à toutes vos questions. Avec *Un Grand Week-end* vous ne voyagerez plus jamais seuls…

www.facebook.com/GuidesUnGrandWeekend

Calendrier des événements

Dès que les jours rallongent, la capitale danoise s'anime et son agenda se remplit. Au point qu'au cœur de l'été, on ne sait plus où donner de la tête ! Jazz sur les canaux ou rave dans un vieil entrepôt ? Voici quelques-unes des festivités qui vous attendent à (et près de) Copenhague.

Janvier

Concerts du Nouvel An

Après les feux d'artifice et le compte à rebours sur la place de l'Hôtel-de-Ville vient le temps des concerts du Nouvel An au Dronningesalen et au Koncert Hus (p. 118).
www.densortediamant.dk
et www.dr.dk

Février

Legoworld

Mi-février, le Bella Center (M° Bella Center) accueille des tonnes de briques en plastique et… 40 000 bambins !
www.legoworld.dk

Wondercool

Cent manifestations autour de l'architecture, du design, de la mode, de la gastronomie et… du jazz (Vinterjazz).
www.wondercoolcopenhagen.dk

Mars

Foires et braderies

Mi-mars, déstockage massif de vêtements au Bella Center (CPH Moda, M° Bella Center, HP par E5) et salon de l'ameublement – le plus grand du Danemark – au Forum de Frederiksberg (Bolig i Forum, M° Forum, C3).
www.cphmoda.dk
et www.boligiforum.dk

Avril

Dronning Margrethes Fødselsdag

Le 16, anniversaire de la reine. Relève de la garde en grand uniforme devant son palais d'Amalienborg (p. 22) et hymne de 1779 : *Kong Christian stod ved højen mast* (« Le roi Christian se tenait au pied du haut mât »).

CPH PIX

2e quinzaine d'avril : un must pour les cinéphiles ! Les projections ont lieu au Gloria, à l'Empire Bio… (80 Kr). Voir les adresses p. 119.
www.cphpix.dk

Dansk Fashion Outlet

Grande braderie des derniers défilés de mode (Øksnehallen, Halmtorvet 11, C4, ☎ 33 29 81 19, 72 Kr).
www.danskfashionoutlet.dk

Mai

Ølfestival

2e ou 3e semaine de mai : festival de la bière avec séances dégustation au Tap 1 (Ny Carlsbergvej 91, B5, 210 Kr).
www.ale.dk

Copenhagen Marathon

Le 3e dimanche de mai, 13 000 participants au départ et 200 000 spectateurs en chemin, entre Islands Brygge (p. 48) et Kastellet (p. 23).
www.copenhagenmarathon.dk

Kronprinsens Fødselsdag

Le 26 mai, anniversaire du prince héritier (Frederik).

Copenhagen Carnival

Fin mai, Strøget et Fælledparken (p. 11 et p. 35) se parent des couleurs du Brésil. Ambiance carioca, samba et capoeira.
www.copenhagencarnival.com

Juin

Distortion

Dans les rues de la ville, une fiesta underground 100 % mobile, 100 % déjantée. 4 jours, fin mai-début juin.
www.cphdistortion.dk

Sankt Hans Aften

Le 23 juin, le solstice d'été se célèbre ici en pique-niquant dans les parcs ou sur les plages autour d'un feu de joie.
www.visitcopenhagen.com

Juillet

Roskilde Festival

Le Woodstock danois, c'est 8 jours d'échauffement et d'explosion musicale à 30 min de la capitale (voir p. 125) !
www.roskilde-festival.dk

Jazz Festival

L'un des festivals les plus attendus de Copenhague : 250 000 entrées pour 1 000 concerts en 10 jours.
www.jazz.dk

Opera Festival

Quand La *Flûte enchantée* ou *Rigoletto* quittent la scène pour investir la ville, ses places et ses canaux. Belle initiative ! (fin juil.-début août).

www.copenhagenoperafestival.com

Summer Festival

Classiques de la musique de chambre interprétés par de jeunes talents. Concerts à Charlottenborg (p. 21) fin juil.-début août.

www.copenhagensummerfestival.dk

Août

Fashion Festival

Ce festival de la mode, accessible au grand public, est organisé en marge de la Fashion Week. Défilés, shows...

www.copenhagenfashion festival.com et www.copenhagenfashionweek.com

Copenhagen Pride

Ambiance festive et colorée pour la traditionnelle parade LGBT entre Frederiksberg et Vesterport (2e ou 3e sam.).

www.copenhagenpride.dk

Malmö Festivalen

La 3e sem. d'août, on attend 1,5 million de visiteurs, côté Suède, pour les 250 concerts du festival de Malmö.

www.malmofestivalen.se

Christiansborg Rundt

Fin août, on nage le crawl sur 2 km autour du Parlement. Départ et arrivée : Frederiksholms Kanal.

www.svoem.dk

Strøm

« LE » festival de musique électronique en Scandinavie ! Rave parties et soirées club aux quatre coins de la ville.

www.stromcph.dk

Copenhagen Cooking

Au menu de ce rendez-vous gourmet, des dégustations de nouvelle cuisine nordique. Même opération en février, dans le cadre du festival Wondercool.

www.copenhagencooking.dk

Septembre

Art Copenhagen

Mi-sept., plus de 80 galeristes se donnent rendez-vous au Forum de Frederiksberg (p. 28) pour une FIAC scandinave.

www.artcopenhagen.dk

Christianias Fødselsdag

La « ville libre » de Christiania (p. 19) fête son anniversaire le 26 sept. Gâteaux, activités pour les enfants, concerts...

www.christiania.org

Blues Festival

Chaque année, durant la dernière semaine de septembre, les clubs de jazz concoctent cinq jours de blues absolu !

www.copenhagenbluesfestival.dk

Octobre

Kulturnatten

Mi-oct., c'est la nuit de la culture : 250 musées, théâtres... vous ouvrent leurs portes jusqu'à minuit pour 90 Kr !

www.kulturnatten.dk

Halloween i Tivoli

Pendant les « vacances de pommes de terre » (*Kartofler ferie*), Tivoli (p. 10) se la joue... citrouilles et sorcières.

www.tivoli.dk

Novembre

CPH:DOX

Début nov., un excellent festival de films documentaires, assorti, dix jours durant, d'expositions et de concerts.

www.cphdox.dk

Décembre

Juletræstænding

Le premier dim. de déc., à 16h, sur la place de l'Hôtel-de-Ville (p. 10), le Père Noël allume le traditionnel sapin.

www.visitcopenhagen.com

Jul i Tivoli

De mi-nov. à fin déc., Tivoli (p. 10) se métamorphose en marché de Noël, avec patins à glace et... petits lutins (*nisser*).

www.tivoli.dk

Expositions temporaires

Pour connaître le programme des expos temporaires, consultez le très complet **www.kulturklik.dk** (en danois seulement) ou les sites suivants :

- **Arken :** www.arken.dk
- **Charlottenborg :** www.kunsthalcharlottenborg.dk
- **Collection Hirschsprung :** www.hirschsprung.dk
- **Glyptothèque :** www.glyptoteket.dk
- **Musée de la Ville :** www.copenhagen.dk
- **Musée des Beaux-Arts :** www.smk.dk
- **Musée du Design :** www.designmuseum.dk
- **Musée national :** www.natmus.dk
- **Louisiana :** www.louisiana.dk
- **Ordrupgaard :** www.ordrupgaard.dk

10 expériences **uniques**

1 **Prendre de la hauteur**

Montez à l'assaut de la Rundetårn (p. 12) et de la Vor Frelsers kirke (p. 19). L'ascension n'est pas banale et vous réserve des vues plongeantes sur la ville. Un autre belvédère ? La tour du zoo (p. 29).

2 **S'offrir Copenhague en roue libre**

Louez un vélo (p. 131), procurez-vous le plan gratuit *Cykelkort København* et… lancez-vous ! Tout est plat – ou presque – et, par beau temps, les 40 km de pistes vertes sont un enchantement.

3 **Flatter ses papilles d'un *smørrebrød***

Pour goûter aux saveurs de la nouvelle cuisine nordique sans vous ruiner, testez les canapés… de luxe ! Adam Aamann (p. 73) et Claus Meyer (p. 29) en créent de très raffinés…

4 **Se laisser gagner par le design ambiant**

Poussez les portes d'Illums Bolighus (p. 95), le magasin où les (jeunes) designers essaiment leurs créations à tous les étages : c'est irrésistible. Après, allez chez Normann (p. 34) à Østerbro !

5 **Faire chavirer son cœur…**

… dans les jardins de l'ancienne Bibliothèque royale (voir Bibliotekshaven, p. 17), à bord d'un bateau-mouche, ou – plus intime – le long des vieux canaux de Christianshavn (p. 18), à l'heure du soleil couchant.

6 Respirer le parfum des années 1970

Prêt(e) à flirter avec la contre-culture ? Christiania (p. 19) n'est pas un quartier comme les autres mais une « ville libre », sans néon, libertaire, alternative, encore un peu… *peace & love !*

7 Bronzer parmi les tombes

Eh oui, cela se fait : les cimetières danois sont des lieux de vie ! Aux beaux jours, l'Assistens Kirkegård (p. 33) a tout du parc : on peut tenir compagnie à Andersen tout en pique-niquant…

8 Piquer une tête dans les eaux du port

C'est possible et c'est gratuit ! Depuis que des bains ont été aménagés à Islands Brygge (p. 48) et Kalvebod Brygge (p. 56), le « port intérieur » de Copenhague est une invitation à la baignade.

9 Se croire hors du temps

À Dragør (p. 39), la vie semble s'être arrêtée au siècle dernier. Flânez-y au moment des roses trémières… C'est un dédale, mais comme les rues en -gade suivent toutes l'axe est-ouest et celles en -stræde, l'axe nord-sud, vous ne risquez pas de vous perdre !

10 Goûter la chaleur de l'hiver

Après une tonique séance de luge à Ørstedsparken (p. 27) ou de patin à glace sur Kongens Nytorv (p. 20), il sera temps de sacrifier aux joies du vin chaud (p. 121) et d'une soirée… *hyggelig* aux bougies (voir nos adresses p. 109).

Un grand week-end sur mesure

Première fois à Copenhague

Pour ne rien rater des incontournables de Copenhague, suivez notre programme ! Ce guide vous propose 13 visites réparties à travers la ville et 3 autres balades pour découvrir, à moins de 45 min de la Gare centrale, le meilleur des environs. À choisir en fonction de vos goûts et du temps dont vous disposez…

JOUR 1 : promenade matinale dans le **Quartier latin** (p. 12), suivie d'une séance de lèche-vitrines dans le **Strædet** (p. 14) et sur **Amagertorv** (p. 14). Il fait beau ? Embarquez à bord d'un bateau-mouche de **Canaltours** (p. 130) près de Højbro Plads. Sinon, visitez le **Musée national** (p. 15). En soirée, vous aurez tout le loisir de flâner dans le parc d'attractions de **Tivoli** (p. 10).

JOUR 2 : vous n'avez pas prévu de petit déjeuner à l'hôtel ? Offrez-vous un brunch du côté du Jardin du roi **(Kongens Have,** p. 24) avant de visiter le **château de Rosenborg** (p. 24). À 11h30, suivez la relève de la garde jusqu'au palais de la Reine **(Amalienborg,** p. 22). Après quoi, direction… le **Design Museum** (p. 22), l'ancienne citadelle **(Kastellet,** p. 23) et la **Petite Sirène** (p. 23) ! Le bateau-bus (*Havnebus*) 991 vous ramènera vers **Nyhavn** (p. 21).

JOUR 3 : enfourchez une bicyclette ! Vous pourrez plus facilement panacher vos envies : le matin, visite de la **Glyptotek** et de son jardin d'hiver (p. 11). À moins que vous ne préfériez le **Statens Museum for Kunst** (p. 25) ? L'après-midi, virée à **Christianshavn** avec petit crochet par la « ville libre » (p. 18-19). Et pour finir en beauté : **Vesterbro** et ses excellents bars à vin (p. 30 et 113)…

Déja venu ?

Le centre n'a plus de secrets pour vous ? Prenez le train pour visiter le **Louisiana** (p. 39) et arpenter le sable de **Klampenborg** (p. 38). Ou faites un saut en Suède : **Malmö** est juste au bout du pont (p. 40) ! Vous préférez rester en ville ? Le cœur verdoyant de **Frederiksberg** (p. 28) est un havre de paix, les boutiques de **Nørrebro** et **Østerbro** (p. 32 et 34) sortent des sentiers battus et les **plages d'Amager** (p. 57) ne sont qu'à 10 min de métro ! Quant aux fans d'archi, ils pousseront jusqu'à **Ørestad** et **Århusgade** (p. 63)…

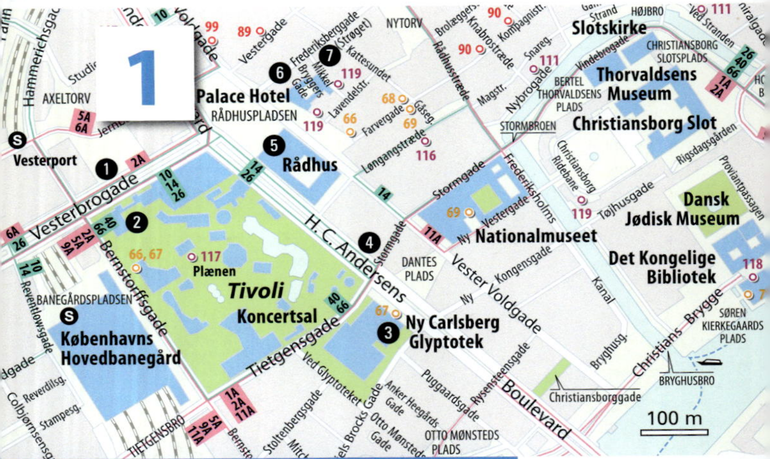

Rådhuspladsen, la place de l'Hôtel-de-Ville

Voir plan détachable D4 et G8/H

Commençons par la place de l'Hôtel-de-Ville, « km 0 » du Danemark ! À l'origine, elle avait la forme d'une conque, comme la piazza del Campo à Sienne. Aujourd'hui, elle est en chantier, ce qui gâte un peu la perspective, mais le parc de Tivoli reste l'attraction nº 1 de Copenhague. Et la Glyptotek, un prestigieux musée. Terminus de la balade ? Strøget (prononcez grosso modo *stroy)*, l'une des plus longues rues piétonnes d'Europe !

1 Wonderful Copenhagen*

Vesterbrogade 4A
☎ 70 22 24 42

www.visitcopenhagen.dk
Sept.-avril : lun.-ven. 9h-16h, sam. 9h-14h
Mai-juin : lun.-sam. 9h-18h
Juil.-août : lun.-sam. 9h-20h, dim. 10h-18h.

Une adresse utile pour bien démarrer son séjour ? L'office de tourisme… On y vend la CPH Card (voir p. 130). On y brade pour le soir même les chambres d'hôtel restées vacantes. On peut y glaner toutes sortes de brochures sur la région. Ou se contenter d'y siroter un bon café !

2 Tivoli**

Vesterbrogade 3
☎ 33 15 10 01
www.tivoli.dk
Mi-avril/fin sept. : dim.-jeu. 11h-22h (23h en juil.-août), ven.-sam. 11h-minuit
Voir aussi p. 42 pour plus de détails sur les horaires
Entrée plein tarif : 95 Kr
Voir « Pour en savoir plus » p. 42.

Même si l'on n'est pas très fan de train fantôme et de barbe à papa, cela vaut la peine d'inscrire Tivoli sur son programme.

Bien sûr, vous n'y serez pas seul(e) – 4,5 millions de visiteurs par an ! – et les manèges sont onéreux (75 Kr/pers.) mais le cadre est magique, surtout le soir, à l'heure où les lampions scintillent à la surface du lac et sur la façade *Mille et une nuits* de Nimb (voir p. 67).

❸ Ny Carlsberg Glyptotek***

La nouvelle glyptothèque Carlsberg
Dantes Plads 7
☎ 33 41 81 41
www.glyptoteket.dk
Mar.-dim. 11h-17h
Entrée plein tarif : 75 Kr (gratuit le dim.)
Voir « Pour en savoir plus » p. 43.

Imaginez un jardin d'hiver, agrémenté de palmiers des Canaries, et, tout autour, sur trois niveaux, des milliers d'œuvres d'art. Cet endroit existe : c'est le musée que les Jacobsen, propriétaires des brasseries Carlsberg (voir p. 120), ont légué à l'État. Vous y verrez des peintres de l'âge d'or danois (voir p. 50) et des antiquités étrusques, des Gauguin, Rodin et (de la terrasse) les montagnes russes de Tivoli !

❹ Dansk Design Center*

H. C. Andersens Boulevard 27
☎ 33 69 33 69
www.ddc.dk
Lun.-ven. 10h-17h (21h le mer.), sam.-dim. 11h-16h
Entrée plein tarif : 55 Kr.

Vous êtes friand(e) de design ? Le DDC, signé Henning Larsen (voir p. 62) n'est pas un musée mais un outil de promotion qui entend sensibiliser entrepreneurs et pouvoir publics à l'usage du design danois dans la vie quotidienne. Le must ? La boutique à l'entrée. Les *swims* sont des galoches norvégiennes conçues pour

garder le pied sec ; la *spork*, une cuillère-fourchette à 19 Kr et la boîte *Light my fire* (70 Kr), un kit de pique-nique suédois.

❺ Rådhuset**

L'hôtel de ville
Rådhuspladsen
☎ 33 66 33 66
www.kk.dk
Lun.-ven. 8h-17h, sam. 10h-13h
Accès libre.

La mairie (Rådhuset) a été édifiée en 1905 dans le goût du « romantisme national » par Martin Nyrop qui l'a dotée d'une tour quasi... toscane. Cette tour est accessible au public (lun.-ven. à 11h et 14h, sam. à 12h ; 20 Kr), tout comme l'horloge astronomique (lun.-ven. 10h-16h, sam. 10h-13h ; 10 Kr) et le jardin intérieur (accès libre par H. C. Andersens Bd ou Vester Voldgade). En sortant, jetez un œil sur la façade du **Palace Hotel** au n° 57 avec son porche en « cul d'éléphant » (1907, architecte : Anton Rosen).

❻ « Strøget »*

C'est ainsi que l'on appelle l'artère commerçante, constituée de cinq rues piétonnes, qui s'étire sur 1,1 km entre Rådhuspladsen et Kongens Nytorv. Elle a un bout *billig* (bon marché) et un bout *dyr* (cher). Pour échapper aux foules et au tronçon Frederiksberggade-Nygade qui n'a rien d'inoubliable, explorez les rues alentour : le Quartier latin par exemple (p. 12) est plus authentique !

❼ Pour une pause *chai tea latte* : Lagkagehuset*

Prenez un numéro, attendez votre tour et vous pourrez commander dans la boulangerie fondée par Ole & Steen un gâteau aux fruits rouges, une salade ou un thé (le « huit papillons » mêle canneberges, pétales de rose et chrysanthèmes) ! À emporter ou à consommer sur place.

Frederiksberggade 21 – ☎ 72 48 47 77
www.lagkagehuset.dk – T. l. j. 7h30-20h.

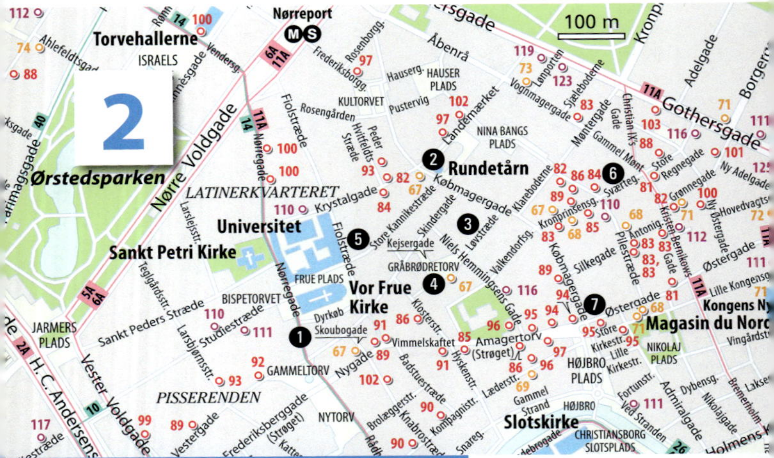

Entre Strøget et Nørreport

Voir plan détachable D3-4 et zoom G7/H7

Étape suivante : quittez « Strøget » à Gammeltorv pour remonter la Nørregade jusqu'à Bispetorvet, la place de l'Évêché. Vous y êtes ? À gauche, vous avez le quartier des noctambules, élégamment surnommé Pisserenden ; à droite, l'adorable Quartier latin – Latinerkvarteret – avec ses rues paisibles, son observatoire (le plus ancien d'Europe), et une place bien cachée mais très populaire, surtout au moment du festival de jazz (voir p. 4) : Gråbrødretorv.

1 Nørregade*

Juste en face de Bispetorvet trône depuis 1829 **Vor Frue Kirke,** la cathédrale néoclassique de Copenhague avec ses 12 apôtres sculptés par Thorvaldsen (voir p. 16). Plus loin, la rue laisse à gauche la **Sankt Petri Kirke** – l'église de la communauté allemande depuis 1585 – et à droite la Krystalgade qui ménage, le soir, une jolie vue sur une « cathédrale » de livres : la bibliothèque de **l'université**.

2 Rundetårn***

Købmagergade 52A
☎ 33 73 03 73

www.rundetaarn.dk
T. l. j. 10h-17h (jusqu'à 20h de fin mai à fin sept.)
Entrée plein tarif : 25 Kr.

En 1637, Christian IV prit l'initiative d'ériger cette **tour ronde,** haute de 35 m, pour permettre à ses astronomes de mieux scruter les étoiles. Aujourd'hui encore, on peut monter au sommet de la rampe hélicoïdale (on dit que le tsar Pierre le Grand l'aurait gravie à cheval) pour embrasser du regard les toits du quartier et, en hiver, contempler le ciel au télescope. Le parapet de la plate-forme, forgé par Caspar Fincke, porte le monogramme du roi et les initiales de sa fameuse devise : RFP (voir p. 58).

3 Det Grønlandske hus*

La Maison du Groenland
Løvstræde 6
☎ 33 91 12 12
www.sumut.dk
Lun.-jeu. 10h-17h, ven. 10h-16h.

Et maintenant, un petit tour... au Groenland ! Cette maison est en effet le « centre culturel » – à Copenhague – de ce territoire danois qui bénéficie depuis 2009 d'une autonomie

renforcée. Visitez-le ! Il y a un coin artisanat, des expos et, dans la cour, un café où l'on peut déjeuner mardi et vendredi d'une *tuttu suaasat* (soupe de renne) ou d'un *saarullik siataq* (filet de morue). Et comme les cuisiniers sont bénévoles, les prix n'excèdent pas les 75 Kr !

4 Gråbrødretorv**

La surprise du quartier ? La place des Frères-Gris (des franciscains dont le monastère fut démoli en 1530 lorsqu'on jugea leur vie trop dissolue). Elle doit sa belle harmonie aux *ildebrandshuse*, des maisons à pignon toutes bâties sur le même modèle après un incendie en 1728. Pour l'anecdote, l'une d'entre elles – le n° 2 de la Kejsergade (l'actuel Café G) – abritait dans les années 1960 un centre d'écoutes téléphoniques. Des agents du renseignement

y interceptaient en toute illégalité les conversations d'ambassadeurs étrangers...

6 Margit Brandt*

Sværtegade 3
☎ 88 33 62 39
www.margitbrandt.eu
Lun.-jeu. 10h-18h, ven. 10h-19h, sam. 10h-17h.

Dans les années 1970, beaucoup de femmes s'habillaient en Margit Brandt (1945-2011). Lingerie, fourrure, maillots de bain... : celle qui avait fait ses classes à Paris auprès de Pierre Balmain dessinait même les tenues officielles des athlètes danois aux JO et les uniformes de l'armée de l'air. Son mari l'a aidée à relancer et rajeunir la marque en 2005... avec succès, un zeste de rétro et une ravissante boutique. 1 099 Kr le blazer rayé Uller jakke.

7 Illum**

À l'angle de Købmagergade et Østergade
☎ 33 14 40 02
www.illum.dk
Lun.-sam. 10h-19h (jusqu'à 20h le ven.), 1er et dernier dim. du mois 11h-16h.

D'autres étoiles de la mode danoise – Bruuns Bazaar, Charlotte Eskildsen, InWear... – brillent au firmament de ce grand magasin, fondé en 1891 par Anton Carl Illum, aux côtés d'excellents basiques pour la maison, comme les boîtes de conservation *Rigtig by Stelton* (49 Kr) ou les serviettes de bain Mette Ditmer (149 Kr). Craquant.

5 Pour une pause café-bouquins : Paludan Bogcafe**

Le Quartier latin a enfin un café à sa mesure : Paludan (1895) ! Un cadre relaxant, gentiment intello, qui associe livres d'occasion (au sous-sol) et nourritures plus terrestres, à commander au bar : croissant au beurre, salade César, cheesecake au coulis de cassis (38 Kr)...

Fiolstræde 10-12 – ☎ 33 15 06 75 – www.paludan-cafe.dk
Lun.-ven. 9h-22h, sam. 10h-22h, dim. 10h-20h.

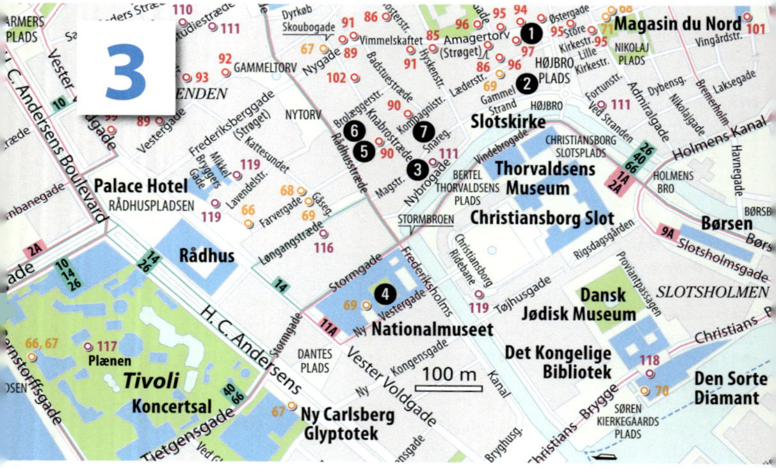

Entre Strøget et Nationalmuseet

Voir plan détachable D4 et zoom H7-8

Ici, le jeu consiste à flâner au sud de Strøget, en partant de l'Amagertorv, place triangulaire où l'on vendait au Moyen Âge le hareng tout juste déchargé sur la rive (l'actuelle Gammel Strand). Destination ? Nationalmuseet, un gigantesque musée… gratuit ! Le retour se fera par Kompagnistræde et Læderstræde (alias Strædet), deux rues jalonnées de cafés et de sympathiques échoppes.

❶ Amagertorv★★

C'est une place très animée : autour de la fontaine des Cigognes, qui fut dans les *sixties* un point de ralliement de pas mal de baba-cools, se croisent touristes et fêtards, cracheurs de feu et jeunes urbains en plein flash mob ! C'est aussi l'un des points névralgiques du shopping haut de gamme grâce aux magasins **Illums Bolighus** (p. 95), **Georg Jensen** et **Royal Copenhagen** (p. 94),

qui occupe un bel hôtel particulier de style Renaissance hollandaise (1622) dont les gouttières ont pour déversoir… une tête de dragon.

❷ Louis Poulsen★

Gammel Strand 28
☎ 70 33 13 31
www.shop.louispoulsen.dk
Lun.-jeu. 8h-16h, ven. 8h-15h30.

En 1892, Louis Poulsen (1871-1934) ne vendait que des lampes à arc de carbone ! Aujourd'hui, sa firme est l'une des plus renommées qui soit dans le monde du luminaire ; et son showroom, un florilège du design danois : la série PH de Poul Henningsen (voir p. 106), les superbes lampes de bureau d'Arne Jacobsen (4 695 Kr l'AJ Bord)… En sortant, jetez un œil sur la façade n° 48 : c'est la « Société des artistes » *(Kunstforeningen)* où Gauguin fit la première expo de sa carrière (voir p. 43) !

③ Snaregade et Magstræde*

Voici deux courtes rues qui vous donneront une idée de ce à quoi pouvait ressembler Copenhague aux XVII-XVIIIe siècles.
La **Snaregade** conserve, au n° 5, une façade à pans de bois de 1732. La **Magstræde,** autrefois réputée pour ses maisons closes, offre avec les nos 17-19 un rare exemple d'immeuble bourgeois datant du règne de Christian IV (1640). Mais ce n'est pas tout : vous pourrez voir le 1er étage du n° 6 au… 2e étage du Musée national !

④ Nationalmuseet***

Le Musée national
Ny Vestergade 10
☎ 33 13 44 11

www.natmus.dk
Mar.-dim. 10h-17h
Accès libre
Voir « Pour en savoir plus » p. 44.

Un gros catalogue ne suffirait pas à inventorier ses trésors ! Installé dans le dédale du Palais du prince (architecte : Nicolai Eigtved, 1744), le Musée national retrace – entre autres ! – toute l'histoire du Danemark, de la période glaciaire à nos jours. Un parcours truffé d'objets que l'on voit rarement ailleurs, tels les *lurs* de la salle 13 : ces instruments à vent de l'âge de bronze (entre 1200 et 700 av. J.-C.) sont typiquement scandinaves…

⑤ Liebe*

Kompagnistræde 23
☎ 33 93 18 46
www.liebeshop.dk
Lun.-ven. 11h-17h30, sam. 11h-15h.

De toutes les boutiques qui ont pignon sur Strædet – **Dansk Håndværk** (p. 90), **Wauw** (p. 96)… – celle de Susan Liebe est la plus « choupinou » ! Cette céramiste a le don de réunir des accessoires qui mettent tout de suite de la bonne humeur dans un intérieur : ravier à petit gâteau *(lille kage)*, tasses aux étoiles (120 Kr), serviettes pimpantes de Rie Elise Larsen… À suivre !

⑥ Pour une pause *frunch* : Riz Raz*

Personne ne s'accorde sur le sens exact du mot hybride *frunch* : « friends + lunch » ? *frokost* (déjeuner) + brunch ? En tout cas, c'est un buffet qui, chaque week-end (10h-16h), réussit à rapprocher les cuisines du monde pour 95 Kr : boulgour, lasagnes, tzatziki, houmous, pizza… Les autres jours, le buffet s'appelle *buffet* (si si !) et coûte 79 Kr de 11h30 à 16h ou 99 Kr (de 16h à minuit). Pas mal, non ?

Kompagnistræde 20 – ☎ 33 15 05 75 – www.rizraz.dk
T. l. j. 11h30-minuit (dim. dès 10h).

⑦ Kirk*

Kompagnistræde 11
☎ 33 93 07 88
Lun.-jeu. 10h-17h30, ven. 10h-18h, sam. 10h-13h.

Le sous-sol de Kirk est un aimable bric-à-brac d'objets à la patine récente, plus français que scandinaves, où les bobos viennent glaner de quoi décorer leur maison de campagne en Seeland : un panier en rotin porte-bougie, une peau de renne à 695 Kr… P.S. : si d'aventure vous cherchez des objets français authentiquement anciens, essayez **Fil de fer** (Store Kongensgade 83A ; I6 ; http://fildefer.dk ; lun.-jeu. 10h-18h, ven. 12h-19h, sam. 10h-15h).

Voir plan détachable D4/E4 et zoom H7-8/I7-8

Slotsholmen, l'îlot du Château

Il n'y a qu'un pont à franchir pour se retrouver sur « l'îlot du Château », cœur historique de Copenhague et centre politique du Danemark ! La Cour suprême y a son siège, le Premier ministre ses bureaux. Si vous aimez les musées, vous serez servi : il y en a sept, sans compter la KB, la plus grande bibliothèque de Scandinavie ! Après quoi, vous pourrez prolonger la balade par un tour dans le port. Ou gagner à pied Christianshavn…

❶ Thorvaldsens Museum**

Bertel Thorvaldsens Plads 2
☎ 33 32 15 32
www.thorvaldsensmuseum.dk
Mar.-dim. 10h-17h
Entrée plein tarif : 40 Kr (gratuit le mer.).

En 1838, le sculpteur Bertel Thorvaldsen (1770-1844), qui fit carrière à Rome, légua à sa ville natale l'essentiel de son œuvre : statues allégoriques, bustes de personnages illustres…

Les plâtres ont été un peu trop noircis par la fumée du poêle qui chauffait son atelier. Les marbres, eux, sont sublimes, notamment celui où Cupidon, fils de Vénus, joue de la lyre aux pieds des *Trois Grâces* (salle 3).

❷ Christiansborg Slot**

Château de Christianborg
Christiansborg Slotsplads
☎ 33 92 64 92
www.christiansborg.dk
Voir p. 45 pour plus de détails sur les horaires
Entrée plein tarif : 80 Kr
Voir « Pour en savoir plus » p. 45.

« Borgen » (c'est son surnom) n'est pas le plus gracieux des palais royaux mais il est largement ouvert au public. Vous pourrez y visiter – à petite dose – les ruines des palais précédents, les salles de réception, le théâtre de la Cour (Hofteatret, p. 119), la chapelle… et même le Parlement (heures des tours guidés sur www.ft.dk).

3 Bibliotekshaven**

www.ses.dk
T. l. j. 6h-22h
Accès libre.

En sortant de Christiansborg, profitez de l'adorable jardin qui se cache entre le Parlement et la Bibliothèque royale. Cette oasis de verdure et de paix a été aménagée en 1920 à l'emplacement de l'ancien arsenal de Christian IV (d'où les vieux anneaux d'amarrage, encore visibles dans les murs). On peut même y pique-niquer sous le regard mélancolique du philosophe Søren Kierkegaard !

4 Dansk Jødisk Museum**

Musée juif danois
Proviantpassagen 6
☎ 33 11 22 18
www.jewmus.dk
Juin-août : mar.-dim. 10h-17h
Sept.-mai : mar.-ven. 13h-16h, sam.-dim. 12h-17h
Entrée plein tarif : 50 Kr.

Ce musée retrace l'histoire du judaïsme au Danemark. Il a été conçu par Daniel Libeskind (l'architecte chargé de la reconstruction du World Trade Center) selon un plan très particulier qui combine les lettres hébraïques du mot *mitzvah* – la bonne action – pour rendre hommage à la compassion et au courage des Danois : en octobre 1943, 7 000 juifs menacés d'être raflés par les nazis furent secrètement évacués par bateau vers les côtes suédoises.

5 Den Sorte Diamant***

Søren Kierkegaards Plads 1
☎ 33 47 47 47

www.kb.dk
Lun.-ven. 10h-19h, sam. 10h-17h
Expos temporaires : 40 Kr.

La vénérable Bibliothèque royale **(Det Kongelige Bibliotek** ou **KB)** possède depuis 1999 une extension, **« le Diamant noir »,** qui abrite, derrière son étonnante façade en granit noir du Zimbabwe, une salle de concert (Dronningesalen, p. 118), un restaurant, des expos photo et quelque 220 000 ouvrages de référence, les autres livres de la collection – 5 millions – étant stockés… ailleurs !

7 Børsen***

La Bourse
Entre Slotsholmsgade et Børsgade
Ne se visite pas.

Vous ne pouvez pas la rater : la Bourse *(Børsen)* a de jolis pignons, typiques de la Renaissance hollandaise, et une flèche formée de quatre queues de dragons enlacées ! Bâtie (1625) par Hans van Steenwinckel à la demande du roi Christian IV qui rêvait de faire de Copenhague une place financière, elle a servi… de bourse jusqu'en 1974.

6 Pour un expresso à fleur d'eau : Øieblikket*

Øieblikket signifie « l'instant ». C'est le nom de la revue que publiait Kierkegaard en 1855. C'est aussi celui du bar du Diamant noir, où l'instant se savoure… face au canal (dans un transat dès qu'il fait beau) en sirotant un café mi-Rio Verde du Brésil mi-Platanello du Guatemala (25 Kr), accompagné d'une pâtisserie maison. Relaxant !

Søren Kierkegaards Plads 1 – ☎ 33 47 41 06
www.oieblikket.dk – Lun.-ven. 8h-19h, sam. 9h-18h.

Les canaux de Christianshavn

Voir plan détachable E4/F4 et zoom I8

Même si l'on n'y voit plus de pêcheurs ravauder leurs filets, ce quartier fondé en 1618 par Christian IV a toujours le goût de la mer et des bateaux. Autrefois pauvre, insalubre et rongé par le sel, il est aujourd'hui bohème, artiste, branché et… rebelle. Surtout la « ville libre » de Christiania, quartier alternatif et autogéré qui s'étend sur 34 hectares le long des anciens bastions.

❶ Dansk Arkitektur Center**

Centre danois d'Architecture
Strandgade 27B
☎ 32 57 19 30
www.dac.dk
T. l. j. 10h-17h
(jusqu'à 21h le mer.)
Entrée plein tarif : 40 Kr.

Le DAC se consacre corps et âme à l'architecture… contemporaine et pas seulement danoise. Ses expositions sont du genre « pointu » mais le vieil entrepôt (Gammel Dok, 1882) est superbe. Autres atouts : le café panoramique, la librairie spécialisée (www.dacbookshop.dk) et les tours guidés (voir p. 132).

❷ Nordatlantens Brygge*

Strandgade 91
☎ 32 83 37 00
www.bryggen.dk
T. l. j. 10h-17h
Entrée plein tarif : 40 Kr.

C'est de ce rustique entrepôt (1767) que partaient autrefois les navires chargés d'acheminer marchandises et passagers à destination des colonies danoises de l'Atlantique nord. En 2003, il a été reconverti en centre culturel mais il a gardé le même cap. Au programme : des expos d'artistes féroïens, du rock groenlandais, des auteurs de polars islandais... De quoi élargir son horizon !

❸ Orlogsmuseet**

Overgaden oven Vandet 58
☎ 33 11 60 37
www.orlogsmuseet.dk
Mar.-dim. 12h-16h
Entrée plein tarif : 60 Kr (gratuit le mer.).

Voici un instructif **musée de la Marine** (Orlogsmuseet) qui évoque aussi bien les attaques de pirates algérois en Islande – en 1627, 400 Islandais ont été capturés pour être vendus à Alger – que le rôle de la flotte durant la Guerre froide ou la colonie des Vestindien

(jusqu'en 1917, le Danemark possédait trois îles dans les Caraïbes qui prospéraient grâce à la traite des Noirs). Belle maquette au 1:25000 des anciens chantiers navals de Holmen (plan F3, p. 48).

❺ Vor Frelsers Kirke**

Sankt Annæ Gade 29
☎ 41 66 63 57
www.vorfrelserskirke.dk
Lun.-sam 10h-16h, dim. 10h30-16h ; jusqu'à 19h de fin juin à mi-sept. ; f. en hiver
Entrée plein tarif : 35 Kr.

Si vous n'êtes pas sujet(te) au vertige, montez à l'assaut de la flèche de **l'église Notre-Sauveur,** que Laurids de Thurah a érigée en 1752, sur le modèle de Sant'Ivo de Rome...
À votre retour, vous pourrez relire *Le Voyage au centre de la terre* : les 150 dernières marches qui ménagent une vue à 360° sur Copenhague ont inspiré quelques bonnes pages – et une « leçon d'abîme » – à Jules Verne !

❻ Christiania**

Accès libre
De fin juin à fin août : visites guidées t. l. j. à 15h (40 Kr)

Photographie rigoureusement interdite dans la zone dite « Pusher Street » ou « Green light district »
Voir « Pour en savoir plus » p. 46.

On vous suggère d'aborder la « ville libre » par le sentier qui serpente en contrebas de Christianshavns Voldgade (de là, le regard embrasse, entre saules et roseaux, des cabanes rafistolées, des maisonnettes expérimentales...). De vous reposer les mollets sur le pont (Dyssebroen) puis de continuer jusqu'au Vilhelms Bastion !
Il vous suffira de le contourner pour vous retrouver au beau milieu de Christiania. Sortie Prinsessegade *via* Green light district.

❼ Christiania Shop*

Sydområdet 4B
☎ 60 80 88 62
www.christianiashop.dk
Lun.-ven. 10h-15h, sam.-dim. 12h-18h.

Un souvenir du quartier ? L'idéal serait un vélo du marchand de cycles de la Voie lactée (Mælkevejen 83A, www. christianiabikes.dk). Mais il y a moins encombrant : cette boutique située à deux pas du portail principal vend, entre autres, de toniques tee-shirts rouges en coton écolo (170 Kr) siglés *Bevar* [« *préservons* »] *Christiania !*

❹ Pour une bière sur les quais : Café Oven Vande*

À l'heure de l'apéro, ceux qui ont la chance d'avoir un voilier amarré Christianshavn Kanal sirotent leur bière à bord. Les autres restent sur le quai. Ou à la terrasse de cet agréable café qui sert des *smørrebrød* (jusqu'à 17h), des salades au saumon fumé (110 Kr) et des fettucine de la mer au gorgonzola (96 Kr). Bière *(fadøl)* : 45 Kr les 40 cl.

Overgadenoven Vandet 44 – ☎ 32 95 96 02
www.cafeovenvande.dk – T. l. j. 10h-22h.

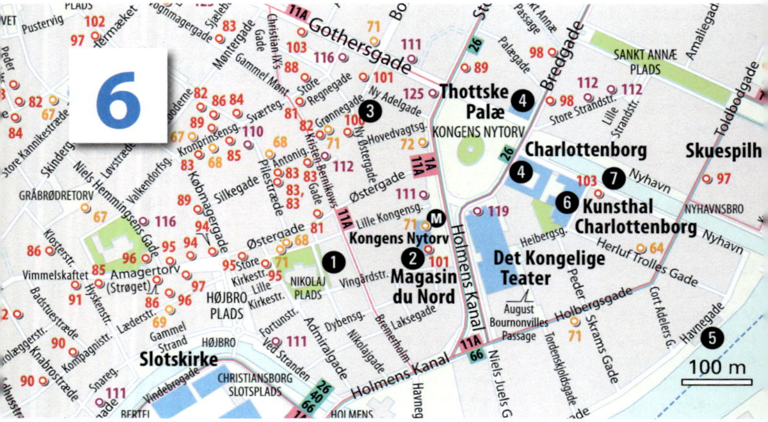

Autour de Kongens Nytorv

Voir plan détachable E3-4 et zoom H7/I7

Construction du métro oblige, Kongens Nytorv – la « nouvelle place royale » – est en travaux jusqu'en 2018 ! Vous ne verrez donc pas la statue équestre de Christian V autour de laquelle, l'hiver, les Copenhagois s'adonnent aux joies du patin à glace. En revanche, les quais colorés du « nouveau port » vous attendent de pied… ferme.

❶ H. Skjalm P.**

Nikolaj Plads 9
☎ 33 11 82 00
www.hskjalmp.dk
Lun.-jeu. 10h-18h, ven. 10h-19h, sam. 10h-16h.

Jusqu'en 1917, on se plaignait beaucoup des bouchers et de leurs étals malodorants qui squattaient le parvis de la vieille église Saint-Nicolas. Aujourd'hui, la place vaut le détour, tout comme cette boutique de déco qui fait la part belle aux textiles : plaids en alpaga du Pérou, jetés de lit *(sængetæppe,* de 379 à 849 Kr selon la taille) et coussins *Elvang* déclinés en terra cotta, rouge magma…

❷ Magasin du Nord*

Kongens Nytorv 13
☎ 33 11 44 33
www.magasin.dk
Lun.-ven. 10h-20h, sam. 10h-19h.

Pour des générations de Danois, le *department store* créé en 1870 à l'intérieur de l'Hôtel du Nord (d'où son nom) aura été la vitrine du bon goût et du dernier cri : c'est ici que l'on a installé les tout premiers ascenseurs (1895) et escalators (1953) de Scandinavie ! Et en dépit de son rachat par un millionnaire pakistanais, le succès est toujours au rendez-vous, surtout avant Noël, avec une belle palette d'articles pour la maison : verres dessinés par Cecilie Manz (voir p. 105) pour Holmegaard, bougeoirs zen de Jonas Wagell, lampes de bureau *Waterquest* à 199 Kr...

❸ Ny Adelgade et Grønnegade**

Si vous faites un petit crochet par la Ny Adelgade, vous découvrirez – juste à côté de C. L. Seifert (n° 8-10), qui fournit la Cour en casquettes de chauffeur et livrées de chambellan – une vitrine qui vaut le coup d'œil : celle du fleuriste Tage Andersen (n° 12). Au bout de la rue, la Grønnegade égrène de fort jolies façades : le n° 33 était, en 1843, l'échoppe d'un fabricant de couleurs et vernis...

❹ Les palais de Kongens Nytorv*

La façade rose de style baroque hollandais, au n° 4, est celle du **palais Thott (Thottske Palæ,**

1683), qui abrite l'ambassade de France. La façade en brique de style baroque danois, au n° 1, est celle du **palais de Charlottenborg** (1683), dévolu depuis 1754 à l'Académie royale des beaux-arts. Une suggestion : empruntez le passage Bournonvilles qui se faufile entre le palais Harsdorff (n°s 3-5) et le Théâtre royal (Det Kongelige Teater, p. 119). Il vous conduira tout droit vers la Havnegade et le bon air de la mer...

❻ Kunsthal Charlottenborg*

Nyhavn 2
☎ 33 36 90 50
www.kunsthalcharlottenborg.dk
Mar.-dim. 11h-17h (jusqu'à 20h le mer.)
Entrée plein tarif : 60 Kr (gratuit le mer. après 17h).

Le palais de Charlottenborg a été doublé, à l'arrière, d'une halle d'exposition où le peintre Hammershøi (voir p. 50), par exemple, a fait ses débuts en 1885. C'est donc un lieu qui compte dans le paysage culturel ! Bien sûr, l'intérêt varie selon l'artiste invité mais jetez un œil sur le programme : il y a des concerts de jazz, des projections de film...

❼ Nyhavn***

Pour permettre aux navires d'accoster au plus près de la place royale, un canal fut creusé

par des prisonniers suédois en 1671-1673 : le « nouveau port » (Nyhavn, prononcez *nu-haon)*. Sur ses quais, les marchands firent bâtir des maisons et des auberges qui attirèrent au fil du temps marins, tatoueurs et dames de petite vertu. Andersen aussi y vécut (aux n°s 18, 20 et 67) ! Aujourd'hui restauré, Nyhavn s'est radicalement policé pour se faire hyper touristique mais n'en reste pas moins un port : en saison, il y a toujours un bateau-mouche ou un *havnebus* (p. 129) sur le départ ! D'ici, on peut même cingler vers Flakfortet ou l'île suédoise de Hven...

❺ Pour une pause crumble : Custom House**

L'ancienne douane, qui servit longtemps d'embarcadère aux passagers à destination de la Suède, fait aujourd'hui bar et grill. Le menu du midi est facturé 225 Kr les deux plats mais avec 68 Kr, vous pourrez déguster un crumble pomme, romarin et crème vanille tout en scrutant le bleu des vagues et les vieux docks de Christianshavn.

Havnegade 44
☎ 33 31 01 30
www.customhouse.dk
Lun.-sam. 11h30-23h, dim. dès 11h.

Sous les ors de Frederiksstaden

Voir plan détachable E2-3 et zoom I6

Ce quartier quasi royal se situe entre Nyhavn (p. 21) et Kastellet (la citadelle en forme d'étoile à cinq branches). Aristocratique aux abords d'Amalienborg, militaire du côté des Nyboder, il mérite une balade et – au moins – deux séances photo : à midi pour le rituel immuable de la relève de la garde ; à toute heure pour un portrait de la plus célèbre des Danoises : la Petite Sirène !

❶ Amalienborg***

Voir « Pour en savoir plus » p. 47.

Commencez par l'élégant ensemble architectural où la famille royale réside durant l'hiver ! Il se compose de quatre palais rococo (architecte : Nicolai Eigtved), d'une place octogonale où trône la statue équestre de Frédéric V et d'une belle perspective : l'axe d'Or reliant l'église de Marbre (**Marmorkirken**) à l'Opéra. Le petit plus ? La relève de la

garde. Celle de midi se fait en fanfare…

❷ Design Museum Danmark***

Bredgade 68
☎ 33 18 56 56
www.designmuseum.dk
Mar.-dim. 11h-17h (jusqu'à 21h le mer.)
Entrée plein tarif : 75 Kr.

L'adresse idéale pour (re)voir tous les classiques du design danois qui s'est imposé après guerre comme LA référence esthétique aux yeux d'un large public européen : la chaise *PK0* en contreplaqué moulé de Poul Kjærholm, les couverts en acier inoxydable d'Arne Jacobsen et sa fameuse chaise empilable *Myren* (voir p. 105)… En prime, une superbe collection de

3 000 faïences et porcelaines européennes des XVIII-XIXe s. (1er étage).

❸ Jesper Packness*

Store Kongensgade 95
☎ 33 91 01 84
www.packness.dk
Mar.-ven. 12h-17h30, sam. 11h-14h.

Jesper, céramiste de son état, a quelques pièces au musée du Design mais n'a pas la grosse tête pour autant : dans l'atelier-galerie où il expose les fruits de son imagination fertile, il cultive toujours l'humour et les couleurs vives. Avec lui, les bougeoirs ondulent, les vases se prennent pour des damiers... 250 Kr la tasse dorée sur l'anse.

❺ Nyboder**

À la mort de Christian IV (1648), ce microquartier destiné à loger le personnel de la Marine royale comptait déjà 615 modestes appartements de plain-pied, alignés en barre le long de rues tracées au cordeau. Au XVIIIe s., les effectifs de la flotte ayant grossi, on les rehaussa d'un étage. La plus authentique des barres ? Sankt Pauls Gade 20-40 (le n° 24 peut se visiter le dim. 11h-14h ; entrée : 15 Kr).

❻ Kastellet**

La Citadelle.

L'ancienne citadelle de Copenhague – dessinée par l'ingénieur hollandais Henrik Rüse (1663) à la demande de Frédéric III – est l'une des mieux conservées et des plus photogéniques d'Europe du Nord, avec ses douves et ses casernes sang-de-bœuf ! Elle est toujours « zone militaire » mais l'axe nord-sud est libre d'accès (t. l. j. 6h-22h), ainsi que les rues qui bordent la place de l'église.

❹ Pour une pause muffins & smoothies : Mormors*

« Chez grand-mère » (*mormors* en danois), le décor est cosy à souhait et le gâteau chocolat-noix de coco *som i de gode gamle dag* (« comme au bon vieux temps »). On peut aussi y grignoter, en vitrine ou en fauteuil, un sandwich poulet grillé et pesto (60 Kr) ou un muffin aux myrtilles.

Bredgade 45 – ☎ 33 16 07 00 – www.mormors.dk
Lun.-ven. 9h30-16h, sam. 11h30-15h.

❼ Den lille Havfrue**

Langelinie.

« Lorsque vous aurez quinze ans, dit la grand'mère, je vous donnerai la permission de monter à la surface de la mer et de vous asseoir au clair de la lune sur un rocher pour voir passer les grands vaisseaux et faire connaissance avec les villes ». Hélas, une fois sur son rocher, la touchante **Petite Sirène** du conte d'Andersen (voir p. 60) ne connaîtra que des déboires ! Et cela continue : immortalisée en 1913 par le sculpteur Edvard Eriksen, elle a été aspergée de peinture, sciée, dynamitée par divers activistes politiques. Mais pourquoi tant de haine ? Beaucoup de Copenhagois rêveraient, pour leur ville, d'un symbole plus imposant que cette statue de 1,25 m...

❽ Havnen***

Le port
Embarcadère : Nordre Toldbod
Billet plein tarif : 24 Kr (gratuit avec le City Pass ou la CPH Card)
Voir « Pour en savoir plus » p. 48.

Plutôt que de regagner le centre à pied, prenez le bateau ! Le n° 991 vous conduit vers le sud, via Holmen (plan F3), en égrenant tous les « phares » qui jalonnent le port (Havnen) : l'Opéra (plan E2-3, voir p. 118), Skuespilhuset (plan E3, voir p. 118), le Diamant noir (plan H8/I8, voir p. 17)...

Voir plan détachable D2-3 et zoom G6/H6

Rosenborg, d'un jardin à l'autre

Rosenborg est l'un des poumons verts de Copenhague : pas moins de trois parcs vous attendent autour du beau château rouge qui fut longtemps le séjour favori des souverains danois. Trois parcs agrémentés de plans d'eau et jalonnés de musées : botanique, géologie... Si vous ne devez en visiter qu'un seul, optez pour le monumental SMK !

❶ Rosenborg Slot***

Château de Rosenborg
Øster Voldgade 4A
☎ 33 15 32 86
www.rosenborgslot.dk
Mai-oct. : t. l. j. 10h-16h (17h de juin à août)
Nov.-avril : mar.-dim. 11h-14h
Entrée plein tarif : 80 Kr
Voir « Pour en savoir plus » p. 49.

Lorsque le roi Christian IV le fit bâtir en 1606, ce n'était qu'un pavillon d'agrément, à deux étages et modeste tourelle, perdu au milieu des champs. Mais très vite, il entreprit de l'agrandir pour s'offrir, en 1634, un vrai château dans le goût de la Renaissance hollandaise, auquel il donna le doux nom de Rosenborg, le château de la Rose... Visitez-le ! Un plan est distribué à l'entrée.

❷ Kongens Have**

www.ses.dk
Ouvert de 7h à 17h ou 22h selon la saison
Accès libre.

Quant aux champs, ils furent transformés en verger puis en parc public – le **« Jardin du roi »** (Kongens Have) – dès les années 1770. Un havre de verdure, très convoité aux beaux jours, où l'on vient faire son jogging, jouer à la pétanque au pied de la statue d'Andersen (sculpteur :

August Saabye, 1880), boire un verre au **Café Herkules** (voir p. 73) ou s'enivrer du parfum des roses. Il y a même, à l'orée du Jardin du roi, une collection d'art islamique, la **Davids Samling** (Kronprinsessegade 30 ; www.davidmus.dk ; mar. et ven. 13h-17h, mer. 10h-21h, jeu. 10h-17h, sam.-dim. 11h-17h ; accès libre).

❸ Statens Museum for Kunst (SMK)***

Musée national des Beaux-Arts
Sølvgade 48-50
☎ 33 74 84 94
www.smk.dk
Mar.-dim. 10h-17h
(jusqu'à 20h le mer.)
Collections permanentes : accès libre
Expos temporaires : entre 0 et 95 Kr
Voir « Pour en savoir plus » p. 50.

Et maintenant, place aux beaux-arts ! Ce musée, que l'on appelle SMK pour faire court et qui s'est doté en 1998 d'une nouvelle aile, a un gros point fort : une collection de tableaux danois, à voir en priorité. Mais il conserve aussi 25 œuvres de Matisse, une belle brochette de maîtres anciens (Bruegel, Guardi, Poussin, Rubens…) et quelques curiosités comme les trompe-l'œil du Flamand Gijsbrechts (salle 206) dont les rois étaient très friands.

❺ Den Hirschsprungske Samling**

La collection Hirschsprung
Stockholmsgade 20
☎ 35 42 03 36
www.hirschsprung.dk
Mar.-dim. 11h-16h
(17h de mai à fin août)
Entrée plein tarif : 75 Kr
(gratuit le mer.).

Si vous avez été sensible aux tableaux danois du SMK, faites un crochet par cet autre musée : il offre un concentré attachant de paysages infiniment poétiques, signés des meilleurs artistes de l'âge d'or et de l'école de Skagen ! *Le Château de Frederiksborg au coucher du soleil,* de Christen Købke (1835, voir p. 50), est un miracle de pure peinture, tout comme *Soir d'été sur la plage* de P. S. Krøyer.

❻ Botanisk Have**

Entrée : Gothersgade 128
(ou Øster Farimagsgade 2C)
☎ 35 32 22 22

www.botanik.snm.ku.dk
Mai-sept. : t. l. j. 8h30-18h
Oct.-avril : mar.-dim. 8h30-16h
Accès libre.

Au **Jardin botanique,** tout invite à la contemplation : le petit lac, les bancs, les nénuphars… Aménagée en 1871 à l'emplacement des anciens remparts, cette oasis de verdure dispose d'une serre à orchidées (ouv. mer., sam-dim. 14h-15h) et d'une belle serre à palmiers (ouv. mar.-dim. 10h-15h) qui affiche toujours 30 °C au thermomètre.

❼ Bering Flowers*

Landemærket 12
☎ 33 15 26 11
www.beringflowers.com
Lun.-jeu. 9h-17h30, ven. 9h-19h, sam. 9h-14h.

Des fleurs, vous en verrez aussi dans les vitrines de la maison Bering : des bouquets à 250 Kr et de romantiques couronnes de table composées avec un soin infini. Il faut dire que ce fleuriste est *kongelig hofleverandør,* fournisseur de Sa Majesté. Une idée de déco pas trop encombrante ? Le porte-bougie en forme de garde (à partir de 40 Kr).

❹ Pour une pause jus de sureau : Caféen*

Vous aimez les grands lofts blancs, ponctués çà et là de vert pomme et de jaune citron ? Vous allez adorer le café du SMK, conçu par Bjørn Nørgaard ! La vue est agréable et l'on y sert du jus de sureau écolo à 30 Kr, des salades de saison à 85 Kr et (les sam. et dim.) un brunch complet à 169 Kr.

Sølvgade 48-50 – ☎ 33 74 86 65 – www.smk.dk
Mar.-dim. 10h-16h50 (19h50 le mer.).

Voir plan détachable D3 et zoom G6-7

L'esprit Nansensgade

Vous frisez l'overdose de souvenirs royaux ? Un bon remède : la Nansensgade ! C'est une rue assez banale d'un point de vue architectural, mais dont l'atmosphère fait couler beaucoup d'encre : les uns parlent à son sujet de cool nordique, les autres de feng shui intérieur. C'est vrai qu'il y règne un je-ne-sais-quoi de décontracté. Voici donc une courte balade hors circuits touristiques, entre la station très agitée de Nørreport et le lac de Peblinge.

❶ Arbejdermuseet*

Rømersgade 22
☎ 33 93 25 75
www.arbejdermuseet.dk
T. l. j. 10h-16h
Entrée plein tarif : 65 Kr.

Première étape : le « **musée des Ouvriers** », installé dans l'ancien QG du parti social-démocrate ! Il retrace les difficiles conditions de vie dans les faubourgs et sur les docks de Copenhague, depuis les débuts de l'industrialisation jusqu'aux années 1960. Le plus émouvant ? L'appartement de la famille Sørensen, au 2e étage. Légué au musée en 1990, il a été conservé en l'état.

❷ Torvehallerne**

Frederiksborggade 21
Lun.-jeu. 10h-19h, ven. 10h-20h, sam. 10h-18h, dim. 11h-17h.

Depuis 2011, Copenhague a de nouveau un **marché** au cœur de la ville : les **halles** de l'Israels Plads, conçues par Hans Peter Hagen ! On y croise le meilleur de la marée (Hav) et des potagers (Nyholm), pas mal de produits bio (à Copenhague,

51 % de l'alimentation dans les cantines et cafétérias d'entreprise est bio), et un stand assez irrésistible : Agnes, qui aligne 30 types de cupcakes différents – citron-gingembre, orange-pistache (30 Kr)...

3 EcoEgo*

Nørre Farimagsgade 82
☎ 32 12 06 12
www.ecoego.dk
Lun.-jeu. 12h-18h, ven. 12h-19h, sam. 10h-15h.

Et maintenant, un peu d'éco-shopping ! Dans la boutique de Bryan Traum, tout est *grøn* (« vert »), recyclé et *miljøvenlig* (« respectueux de l'environnement »), qu'il s'agisse des savons faits main à Køge – 40 Kr pièce – ou des draps de bain 100 % coton de Marie Louise Rosholm édités par The Organic Company... Il y a même des *øko tie-dye strømper,* de rigolotes chaussettes multicolores !

5 Ni'mat*

Vendersgade 17
☎ 33 15 89 55
www.nimat.dk
Lun.-sam. 10h-21h, dim. 10h-18h.

Et pour une pause cocooning ? Le spa de l'hôtel Kong Arthur ! On vient s'y ressourcer à toute heure du jour, pour un massage aux pierres chaudes, un bain de Cléopâtre au lait de coco (250 Kr les 30 min) ou un « *god ni'mat morgen* » (une heure de massage suivie d'un petit déjeuner), dans un décor mi-thaï mi-indonésien, à peine troublé par le gargouillis du *boblebad* (jacuzzi).

6 Nansensgade**

Ici, pas de grandes enseignes ni de marques à la mode : juste une poignée de cafés *hyggelig* (voir p. 109), de jeunes créateurs et de bouquinistes aux horaires bohème. **Piet Breinholm** au n° 48 (p. 88) reçoit le vendredi et **Antikvariat** au n° 70 ouvre trois après-midi par semaine (mer.-ven. 13h-17h30) !
Par chance, l'atelier **Schäfer** au n° 43 expose même le samedi ses collections d'arts graphiques : linogravures de Knud Odde, tirages limités de Per Kirkeby... Intéressant ! (☎ 33 13 12 31 ; www.schaefergrafik.dk ; lun.-ven. 9h30-17h30, sam. 10h-13h).

7 Ørstedsparken**

Accès libre 24h/24.
En hiver, on y fait du patin à glace et de la luge ; au printemps, il se constelle de crocus : ce parc romantique qui porte le nom du physicien H. C. Ørsted (1777-1851, père de l'électromagnétisme), a été dessiné sur le modèle des jardins à l'anglaise. Autour de son lac aux formes serpentines, vous trouverez des copies en bronze de sculptures antiques, dons du brasseur Carl Jacobsen (voir p. 120), une aire de jeux pour les enfants, un barbecue... et partout, des habitants du quartier venus profiter d'un rayon de soleil une bière à la main. Dans l'esprit... Nansensgade.

4 Pour une pause *caffè latte* : Kalaset*

Tout le monde vous le dira : Kalaset, en sous-sol ou sur le trottoir, c'est « the place to be » pour siroter un *caffè latte* dans le quartier. Bien sûr, le lait de soja est bio, l'ambiance jeune et le brunch, copieux. Comptez 125 Kr le curry « Calcutta » au lait de coco, *raïta* et riz basmati.

Vendersgade 16
☎ 33 33 00 35
Lun.-jeu. 10h-minuit, ven. 11h-2h, sam. 10h-2h, dim. 10h-23h.

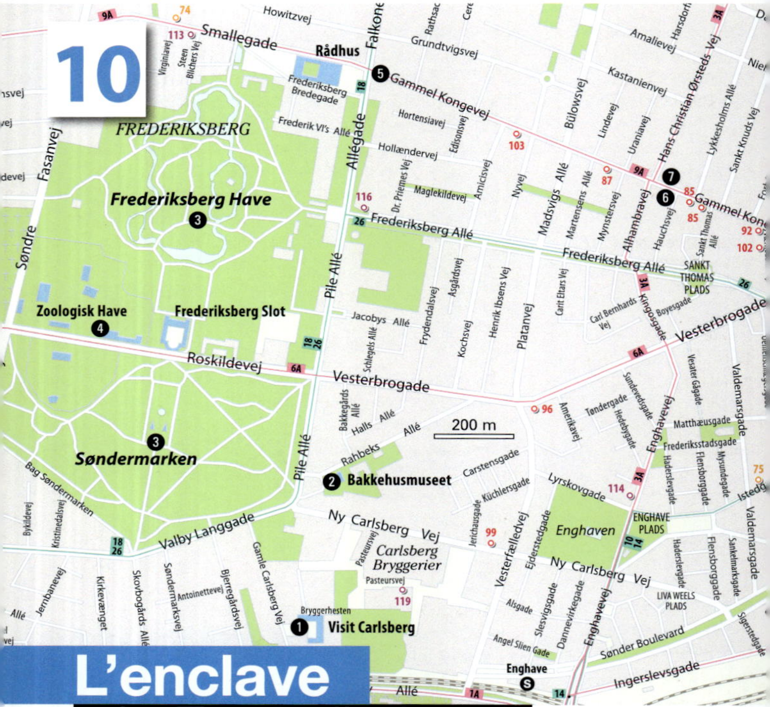

10 L'enclave de Frederiksberg

Voir plan détachable A4-5/B4-5

Frederiksberg est une commune à part entière, chic et bon teint, résidentielle, enclavée dans Copenhague. Pour être plus vite dans le vif du sujet, prenez le RER (S-tog) B, C ou H jusqu'à Enghave : vous ne serez plus qu'à dix minutes de marche des gros éléphants de pierre qui gardent l'entrée de Carlsberg, la quatrième brasserie du monde ! Ensuite, vous pourrez vous oxygéner à loisir...

❶ Visit Carlsberg*

Bryggerhesten
☎ 33 27 12 82
www.visitcarlsberg.com
Mar.-dim. 10h-17h
Entrée plein tarif : 70 Kr.

La visite de Carlsberg **(Carlsberg Besøgscenter)** débute par les écuries et s'achève, comme il se doit, par une dégustation. Dans l'intervalle, vous aurez droit à un topo un peu confus

sur les procédés de fabrication de la bière. Par chance, la collection de bouteilles – 21 850 à ce jour – mérite une photo ! Pour en savoir plus, voir aussi p. 120.
Le **Jacobsen Brewhouse & Bar** (1er étage) affiche quelques en-cas plaisants, tel *Smagen af Danmark* : une assiette de spécialités danoises au pain de seigle (158 Kr).

2 Bakkehusmuseet**

Rahbeks Allé 23
☎ 33 31 43 62
www.bakkehusmuseet.dk
Mar.-dim. 11h-16h
Entrée plein tarif : 30 Kr.

Pour vous faire une idée d'un intérieur bourgeois de l'âge d'or, visitez **la « maison sur la colline »,** propriété, au début du XIXe, d'un critique littéraire, Knud Rahbek, et de sa femme Kamma, qui y recevaient aussi bien le chef de file du romantisme danois (Adam Œhlenschläger) que le jeune Andersen… La déco est dans l'air du temps : tableaux de J.-C. Dahl, chiffonniers en acajou et chaises placées de façon à jouir à la fois de la vue et de la conversation. Charmant !

3 Søndermarken et Frederiksberg Have*

www.ses.dk
T. l. j. de 6h au coucher du soleil
Accès libre.

Dans le premier de ces deux parcs, un musée souterrain réunit 75 personnages en costumes du XVIIIe s., sculptés – avec un réalisme exceptionnel pour l'époque – par J.-G. Grund **(Cisterncerne ;** ☎ 33 21 93 10 ; jeu.-ven. 14h-18h, sam.-dim. 11h-17h, f. déc.-janv. ; 50 Kr). De l'autre côté de la route, le **jardin du château de Frederiksberg**, baroque à l'origine, a été remodelé sous Frédéric VI en parc à l'anglaise. Dommage que le pavillon chinois (1803) ne soit ouvert que les dim. d'été de 14h à 16h.

4 Zoologisk Have**

Roskildevej 32
☎ 72 20 02 00
www.zoo.dk
T. l. j. 10h-16h ou 17h (jusqu'à 20h du 1er juil. au 12 août)
Entrée plein tarif : 140 Kr.

Prêt(e) pour un voyage dans le Grand Nord ? Le **zoo de Frederiksberg** a deux points forts :
1°) le pavillon des éléphants *(elefanthus)*, conçu en 2008 par l'architecte Norman Foster ; et surtout
2°) la faune du cercle polaire. Vous savez : les élans, les rennes… Depuis l'ouverture (2012) de l'Arktiske Ring, on peut même voir, derrière un tunnel de verre, nager les ours blancs *(isbjørn)*. À l'entrée du zoo, une tour en bois (accès : 10 Kr) offre par temps clair de belles échappées sur la côte suédoise.

5 Gammel Kongevej*

À l'est de la mairie (**Rådhus,** vis. possible le 1er sam. du mois à 13h) se profile la rue principale de Frederiksberg : Gammel Kongevej, aménagée par Christian IV vers 1620. Elle vous paraît trop longue ? Vous pouvez raccourcir le trajet en prenant le bus 9A jusqu'à Værnedamsvej… mais vous rateriez en chemin plusieurs boutiques sympas : **Kamma Vintage** au n° 170, **Zornig** au 153, **Mint Records** au 140 (p. 103), **Filippa K** au 99 (p. 85)…

7 Peter Beier*

Gammel Kongevej 98
☎ 33 21 33 00
www.pbchokolade.dk
Lun.-jeu. 10h-18h, ven. 10h-19h, sam. 10h-17h.

Ce chocolatier, l'un des meilleurs du royaume, élabore dans son manoir près d'Elseneur (Ørsholt) 80 sortes de palets et bouchées à partir de fèves conchées en France mais issues de sa propre plantation en République dominicaine. Le tout est souvent présenté dans de jolies boîtes en fibre de bananier. 239 Kr les truffes d'automne.

6 Pour une pause *slow food* : Meyers Deli

Claus Meyer est à l'origine de la nouvelle cuisine nordique et du fameux restaurant Noma (p. 79). Dans son « épicerie », vous ne trouverez donc que de bonnes choses à savourer calmement sur place ou à emporter : saumon fumé au fenouil le midi (100 Kr), petits plats inventifs le soir, brunch à 115 Kr le matin…

Gammel Kongevej 107
☎ 33 25 45 95
www.meyersdeli.dk
T. l. j. 8h-22h.

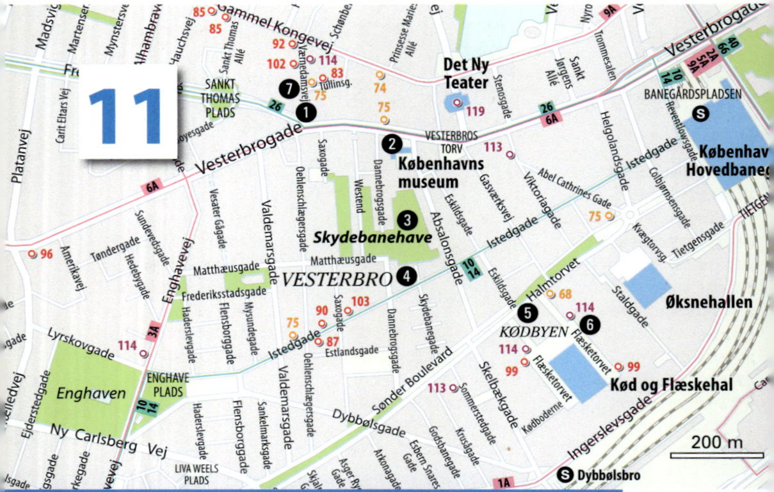

Le nouveau visage de Vesterbro

Voir plan détachable C4-5

Pour être incollable sur Copenhague, il vous reste encore trois faubourgs à découvrir, dont le nom se termine par le même mot (*bro* dérivé de *brolagt* qui signifie « pavé ») : Vesterbro, Nørrebro et Østerbro. Commençons par le premier des trois ! Il y a vingt ans, on vous aurait déconseillé de vous y aventurer : son *red light district*, situé derrière la Gare centrale, était aussi glauque que junkie. Mais Vesterbro a beaucoup changé. En mieux !

❶ Værnedamsvej**

On prête un charme « parisien » à cette rue qui marque la frontière entre la commune de Frederiksberg (trottoir ouest) et le faubourg de Vesterbro (trottoir est). Sans doute parce que l'épicerie **Le Gourmand** au nº 3 vend du brillat-savarin, et que le restau au nº 10 s'appelle **Les trois cochons** (p. 75), mais ça n'explique pas tout : il y a au nº 13 une école qui porte le

prénom du prince consort, Henri de Montpezat (voir p. 59) : **Prins Henriks Skole,** le lycée français de Copenhague !

❷ Københavns museum**

Musée de la Ville
Vesterbrogade 59
☎ 33 21 07 72
www.copenhagen.dk
T. l. j. 10h-17h
Entrée plein tarif : 20 Kr (gratuit le ven.).

Jusque dans les années 1950, le dernier étage de l'hôtel de ville (voir Rådhuset p. 11) racontait de façon un peu poussiéreuse toute la chronologie de Copenhague depuis les temps les plus obscurs. Aujourd'hui, la capitale a ici son propre musée, qui organise de stimulantes expos temporaires sur une multitude de thèmes : comment peut-on être Copenhagois, l'histoire du faubourg de Nørrebro, etc. Une pièce est consacrée à Søren Kierkegaard (voir p. 60).

3 Skydebanehave*

Une curiosité : le jardin public aménagé depuis 1948 derrière le musée de la Ville. Comme tous les parcs dotés de bacs à sable et de toboggans, il fait la joie des enfants mais celui-ci a quelque chose de particulier : il semble... isolé du monde extérieur. C'est qu'avant 1948, c'était un champ de tir *(skydebane)* où venaient

s'exercer les membres de la Société royale. Et pour éviter que les passants ne reçoivent une balle perdue, un architecte l'avait clos (1887) d'un très haut mur de briques...

4 Dansk made for rooms*

Istedgade 80
☎ 32 18 02 55
www.danskmadeforrooms.dk
Lun.-ven. 11h-18h, sam. 11h-16h.

Au sortir du parc, poussez la porte de Dansk MFR ! C'est un magasin de meubles, gadgets et luminaires qui a plus d'un tour dans son sac : une *smørbræt* (planche à tartiner) en lave de l'Etna, des rééditions de la chaise *SE68* d'Egon Eiermann...

Nos coups de cœur ? Les boîtes de rangement *Nomess* et la série de chopes *Design Letters* (119 Kr en porcelaine, 69 Kr en mélamine) qui reprend une typo mise au point par Arne Jacobsen. Une belle idée !

5 Kødbyen*

Voici le... quartier des abattoirs ! Dit comme ça, ce n'est peut-être pas très engageant mais : 1°) c'est un rare exemple d'architecture fonctionnaliste des années 1931-1934 et 2°) vous n'y verrez pas que des bouchers en blouse : la « ville » de béton blanc, dessinée par Poul Holsøe, est aujourd'hui un pôle très *kreativ* avec station de radio, école de musique, bowling, salle de fitness, galeries d'art contemporain comme **V1** et **Poulsen** (p. 99) ou **Bo Bjerggaard** au n° 85A... ainsi qu'une ribambelle de *delis*, grill bars et autres take-away très courus le vendredi soir.

6 A Xoco*

Flæsketorvet 25-31
☎ 44 89 17 70
www.axoco.com
Lun.-ven. 8h-18h, sam. 10h-15h.

La chocolaterie d'Anthon Berg est le must du quartier des abattoirs ! C'est là qu'il produit (et vend, à partir de 149 Kr) ses exquis assortiments de ganaches : les *symbiosis*, qui métissent pomme et romarin, nougat et bergamote, et les *fusion*, encore plus originales : chocolat au roquefort/ananas, fromage de chèvre/thym, foie gras/framboise... Autres boutiques à Frederiksberg (Gammel Kongevej 115) et Nørreport (Torvehallerne).

7 Pour une pause « café complet » : Granola**

C'est un régal de s'attarder dans le café si *hyggelig* (voir p. 109) de Leif Thingtved : la déco, chinée en France et à Londres, fleure bon les années 1930, et le petit déj' à 145 Kr (jambon, œuf, smoothie, yaourt au miel d'acacia...) est servi avec le sourire. Un seul hic : on ne peut pas réserver. Comme l'adresse est très connue, venez tôt ou faites la queue !

Værnedamsvej 5 – ☎ 33 25 00 80
Lun.-ven. 7h-18h, sam.-dim. 9h-17h.

Nørrebro, faubourg *multi-kulti*

Voir plan détachable B2/C2-3/D2

Difficile de décrire d'un mot le quartier qui vous attend au bout du pont de la reine Louise ! Ni riche ni feutré mais résolument *multi-kulti* avec 28 % de migrants originaires de Turquie, Liban, Somalie et Pakistan, il a pour artère principale la Nørrebrogade qui n'a rien de folichon. En revanche, plusieurs rues alentour séduisent par leurs cafés et boutiques. C'est le cas de l'Elmegade et de la Jægersborggade qui sont déjà… presque bobo.

❶ Sortedams Sø*

Le Sortedam – « **l'Étang noir** » – est l'un des trois lacs *(sø)* rectangulaires qui séparent la vieille ville de ses faubourgs. Et sans doute le plus magique, même si ses abords ont pas mal changé depuis le temps où Christen Købke le peignait par une belle soirée d'été (1838). Vous avez raté ce tableau au SMK (p. 50) ? Arrêtez-vous à la hauteur du **Café 22** (p. 75) pour le contempler à loisir.

❷ Veirhanen*

Ravnsborggade 12
☎ 35 35 31 42
www.veirhanen.dk
Lun.-ven. 10h-17h30, sam. 10h-14h.

La **Ravnsborggade** est un peu la « rue des brocanteurs » : ils sont neuf, répartis sur les deux trottoirs, et plusieurs dimanches par an, ils y organisent un marché aux puces (dates sur www.ravnsborggade.dk, rubrique « flea market »). En attendant, si vous n'avez pas trop de sous, fouillez chez Veirhanen qui a souvent des babioles – tasses, raviers *Lurpak*, boîtes de confiseur… – à moins de 150 Kr !

③ Politimuseet*

Le musée de la Police
Fælledvej 20
☎ 35 36 88 88
www.politimuseum.dk
Mar., jeu. et dim. 11h-16h
Entrée plein tarif : 35 Kr.

Un musée insolite : l'ancien commissariat de Nørrebro ! Les fans de la série *The Killing* (voir p. 123) n'y trouveront aucun indice sur le meurtre de Nanna Birk Larsen mais il y a quelques cas historiques et épineux qui n'auraient pas déplu à Sarah Lund, comme le marchand de fruits et légumes n° 34 qui eut le temps de percer 58 coffres-forts avant d'être arrêté en 1931, ou la femme n° 40, condamnée en 1921 pour avoir brûlé dans son fourneau les enfants qu'on lui confiait... Gare aux cauchemars !

⑤ Telefonkiosk*

Sankt Hans torv.

Ce petit édicule à toit de cuivre, conçu par Fritz Koch (1896), est l'une des premières cabines téléphoniques du Danemark. À l'époque, une opératrice était assise à l'intérieur, tous les jours sauf le dimanche, de 8h à 22h, et vous passait le combiné, moyennant 10 øre !

⑥ Elmegade*

Autour de la place Sankt Hans, les rues portent souvent des noms d'arbre. La plus plaisante est la « rue de l'Orme » (Elmegade), jalonnée de boutiques créatives : il y a **Molecule** au n° 26 (p. 87), **Remö** au n° 3 (p. 88)... ainsi qu'un lot de fringues Norse Projects chez **Goggle Prim** (n° 3, ☎ 35 34 60 49, lun.-ven. 11h-18h, sam. 11h-16h). Profitez-en pour faire un peu de lèche-vitrines !

⑦ Assistens Kirkegård**

Entrée par Kapelvej ou Jagtvej
www.assistens.dk
T. l. j. 7h-19h (jusqu'à 22h d'avril à sept.)
Accès libre.

Des pistes cyclables, un jogger qui s'échauffe, un pique-nique au pied d'un tulipier de Virginie... : à priori, on dirait un parc mais il s'agit, depuis 1760, du plus grand

cimetière de Copenhague. Un havre de paix romantique où l'on vient bronzer, l'été, parmi les tombes des hommes illustres. H. C. Andersen repose dans le secteur P (n° 135) et Søren Kierkegaard dans le secteur A (n° 19).

⑧ Jægersborggade**

Traversez le cimetière... Vous vous retrouverez juste en face de cette rue en pleine conversion : mal famée jusque dans les années 1990, elle aligne désormais un chapelet d'échoppes conviviales,

comme **Inge Vincents** (voir p. 96) ou **Karamelleriet** (voir p. 101) et de restaus étoilés (**Relæ**, voir p. 79). Sans oublier, à l'heure du petit noir, l'excellent **Coffee Collective** (voir p. 76) !

④ Pour une pause bière & burger : Café Gavlen*

Le charme du « Pignon » *(Gavlen)* tient moins à son expresso qu'à son ambiance : avec le terrain de streetball juste en face, on se croirait presque à Brooklyn ! Les habitués s'y arrêtent pour un burger végétarien à 122 Kr, une bière bio *(Thy Pilsner)* ou un match de la Champions League retransmis sur grand écran. Trop *hygsomt* (« cool »).

Ryesgade 1 – ☎ 35 37 02 37 – www.cafegavlen.dk
Lun.-mer. 9h-minuit, jeu.-sam. 9h-2h, dim. 9h-23h.

Au cœur d'Østerbro

Voir plan détachable D1

Prenez le bus 1A, 3A ou14 et descendez à Trianglen, histoire de voir un peu à quoi ressemble le cœur d'Østerbro, un quartier « bourgeois » qui est aussi le fief du FCK, le club de foot de Copenhague ! En 2018, il sera desservi par deux lignes de métro. En attendant, il faut le sillonner à vélo, ou mieux : à pied, car la large Østerbrogade n'est pas avare de boutiques… ***eksklusiv.***

1 Gourmandiet**

Rosenvængets Allé 7A
☎ 39 27 10 00
www.gourmandiet.dk
Lun.-jeu. 11h-18h, ven. 11h-19h, sam. 10h-15h.

Peter Steen a été élu « meilleur boucher de l'année » et il le mérite : non seulement, on peut déjeuner (11h-14h) ou dîner (jeu-sam. 17h30-22h) d'un tournedos béarnaise dans le coin restau qu'il a aménagé à côté de son étal, mais il a aussi un excellent assortiment de confits et autres *delikatesser* qui valent le détour. 95 Kr le plat à emporter.

2 Normann***

Østerbrogade 70
☎ 35 27 05 40
www.normann-copenhagen.com
Lun.-ven. 10h-18h, sam. 10h-16h.

En 2005, les designers Jan Andersen et Poul Madsen ont investi cette ancienne salle de cinéma pour y présenter

toutes sortes d'articles *uimodståelig* (« irrésistibles »). Au top des ventes : la réédition des bols *Krenit,* qui valurent à Herbert Krenchel une médaille d'Or en 1954, et le batteur *Beater* décliné en corail, lavande, menthe... Lui aussi pourrait bien devenir une icône du design (100 Kr).

3 Fælledparken*

Accès libre.

C'est le parc le plus fréquenté de la capitale ! Onze millions de visiteurs par an, selon les statistiques... Il est vrai qu'aux beaux jours, ça bouchonne un peu sur les pelouses : tournois de foot amateur, célébrations du 1er Mai... De plus, un angle vient d'être sacrifié au profit de la future ligne de métro, mais pas de panique : il reste suffisamment de place (56 ha) pour s'adonner aux joies du skate ou du tai-chi. Au **Café-Pavillon** (ouv. avril-sept.), concerts gratuits le dim. et cappuccino à 32 Kr.

4 Nordre Frihavnsgade*

La rue qui relie Trianglen au port (Nordhavn) est longuette mais pas monotone pour un sou : vous y verrez du *second hand* au n° 60 **(Greibe & Kumari,** p. 93) et de la déco au n° 62 avec un choix inspiré de textiles suédois signés Himla **(Portobello ;** ☎ 35 55 64 84 ; http://portobello.dk ; lun.-ven. 11h-17h30, sam. 10h-15h)... La plus insolite reste **Con Amore** au n° 50 qui verse dans le gadget rétro et le design kitsch : sac-radio, horloge-trombones à 499 Kr (☎ 31 19 22 19 ; www.cona.dk ; lun.-ven. 11h-17h30, sam. 11h-14h).

5 Brumleby**

Østerbrogade 57.

Pour endiguer l'épidémie de choléra qui sévissait en 1853 dans les quartiers pauvres de la vieille ville, l'architecte M. G. Bindesbøll a bâti à Østerbro un logement social, le tout premier du genre

au Danemark : de longues barres spartiates mais lumineuses, dotées de jardinets, de bains et de buanderies. Lorsqu'il fut achevé en 1872, il comptait 2 500 habitants, dont Martin Andersen Nexø (voir p. 61) qui y passa, au n° B25/26, une partie de son enfance. Aujourd'hui, 400 personnes se partagent cette verdoyante enclave d'un autre temps.

7 Østerfælled torv*

Entre Østerbrogade et Serridslevvej.

Changement de décor : vous voici maintenant au milieu d'une ancienne caserne de hussards ! Un complexe néobaroque tout en briques rouges et fenêtres blanches (architecte : Eugen Jørgensen, 1898), qui a été converti en 1996 en... centre commercial et culturel, avec une scène pour la danse au n° 34 **(Lille Scene)** et une autre pour le théâtre au n° 37 **(Republique,** p. 119). Le petit plus ? On y trouve quelques magasins pas trop chers **(Jysk,** n° 25, www.jysk.dk) et parfois, sur la place centrale, un marché aux puces.

6 Pour un brunch jusqu'à 15h : Kafe Kapers**

En fait, chez « Kapers », on peut grignoter à toute heure du jour : le menu est varié et la terrasse agréable (on en oublierait presque les voitures) mais ce qu'il y a de mieux, c'est leur *luksusbrunch* à 108 Kr, servi t. l. j. de 9h30 à 15h (voire 16h le sam.-dim.), avec salade de pâtes, viande froide, mousse de thon, saumon fumé, müesli...

Gunnar Nu Hansens Plads 2
☎ 35 25 11 20
www.kafekapers.dk
Dim.-mer. 9h-minuit, jeu.-sam. 9h-2h.

14

Voir plan des environs
en rabat arrière de couverture

Roskilde
et son fjord

Une excursion facile ? Roskilde, à 30 minutes de train de Copenhague. Cette charmante cité, qui fut capitale du royaume danois jusqu'en 1445, conserve de sa grandeur passée de précieux vestiges de navires vikings et une cathédrale gothique, inscrite sur la liste du patrimoine mondial de l'Unesco. Allez-y ! Le chemin qui descend au fjord sent si bon les tilleuls… (voir p. 130 les accès en train).

1 Jeppe Art**

Skomagergade 33
☎ 46 36 94 35
www.jeppeart.com
Lun.-ven. 10h-17h30, sam. 10h-14h.

Même si la longue rue commerçante de Roskilde vous paraît un peu monotone, persévérez ! La galerie Jeppe Art, qui se trouve tout au bout, est tenue à tour de rôle par un collectif de 17 artisans plutôt talentueux. Ida Bjørn, notre préférée, y vend de pimpantes poteries fleuries de tulipes ou de marguerites à 150 Kr. Et Birgitte del Olmo, de jolis foulards 100 % soie à partir de 250 Kr.

2 Domkirke***

Domkirkepladsen
☎ 46 35 16 24
www.roskildedomkirke.dk
Avril-sept. : lun.-sam. 9h-17h, dim. 12h30-17h
Oct.-mars : mar.-sam. 10h-16h, dim. 12h30-16h
Entrée plein tarif : 60 Kr
Voir « Pour en savoir plus » p. 51.

Cette imposante construction en brique est la **cathédrale** de Roskilde et le « Saint-Denis » danois : 20 rois et 17 reines y ont trouvé leur dernière demeure ! Si vous faites le tour de ses chapelles, vous croiserez des tombeaux en marbre ornés de hallebardiers et d'angelots porte-torche mais aussi… un diablotin verdâtre aux pieds fourchus !

❸ Vikingeskibs-museet***

Le musée des Bateaux vikings
Vindeboder 12
☎ 46 30 02 00
www.vikingeskibsmuseet.dk
T. l. j. 10h-16h (17h en juil.-août)
Entrée plein tarif : 100 Kr.

En 1962, des archéologues ont découvert, au fond de la mer, des milliers de fragments de bois : les restes de cinq bateaux vikings – un caboteur, un navire de guerre, un *snekke*… – qu'ils ont réussi, à force de patience, à renflouer et à reconstituer. Ne les manquez pas : ils sont exposés au bord du fjord, dans une halle de verre et de béton conçue (1969) par l'architecte E. C. Sørensen. À voir aussi : le chantier naval et l'atelier des archéologues.

❹ Museumsbutik**

Vikingeskibsmuseet
☎ 46 30 02 27
T. l. j. 10h-16h (17h en juil.-août).

Rares sont les « boutiques de musée » qui proposent une telle sélection d'articles aussi originaux ! Ici, on peut hésiter entre des draps de bain en coton spécial *wellness*, dessinés par Marie-Louise Rosholm pour The Organic Company, et des savons à l'ancienne Badeanstalten, qui ont des noms plus poétiques les uns que les autres : « bouleau », « vent polaire »… (99 Kr le kit de trois). Le must absolu ? les cardigans en laine des îles Féroé (Sirri).

❺ Roskilde fjord**

Envie de prendre la mer ? Tous les jours, de mai à sept., le musée organise de courtes sorties, à voile ou à rame, à bord d'une réplique de bateau viking (durée : 50 min ; prix : 80 Kr). Un seul regret : on ne s'éloigne pas beaucoup du port. Pour avoir un plus large aperçu du fjord de Roskilde, embarquez sur le *Sagafjord* : la mini-croisière de 15h par exemple offre un lent travelling sur les berges, les roselières et leurs oiseaux (Vindeboder 18 ; ☎ 46 75 64 60 ; www.sagafjord.dk ; durée : 1h30 ; 98 Kr).

❻ Pour une pause… viking : Snekken*

Côté droit, ce restau, qui porte le nom d'un petit bateau de guerre viking *(snekke)*, sert des wraps au saumon et autres sandwichs à 55 Kr ; côté gauche, des assortiments de 5 spécialités vikings *(De fem skibe)* à 160 Kr. Dans les deux cas, la terrasse a une vue imprenable sur le fjord.

Vindeboder 16 – ☎ 46 35 98 16 – www.snekken.dk
Lun.-ven. 11h30-22h, sam. 10h30-22h, dim. 10h30-21h.

❼ Glasgalleriet*

Sankt Ibsvej 12 (Gasværk)
☎ 46 35 65 36
www.glasgalleriet.dk
Lun.-ven. 11h-17h, sam. 11h-16h, dim. 12h-16h
Accès libre.

Bienvenue au **Gasværk,** l'ancienne usine à gaz de Roskilde ! Depuis qu'elle a été affectée à des fins plus culturelles, cinq artistes y exposent leurs créations. Les plus séduisantes sont celles du verrier Skak Snitker, un ancien élève des « Arts A » de Copenhague : de douces couleurs serpentent à la surface de ses flûtes (165 Kr)…

15

Voir plan des environs
en rabat arrière de couverture

Les perles de la côte

Voici, à moins de 45 minutes de la Gare centrale, sept sites pleins de charme, accessibles en RER (S-tog), en « train côtier » – *Kystbanen* – ou en bus, comme le pittoresque port de Dragør (prononcez « draouœr »). Vous ne pourrez sans doute pas les visiter tous le même jour. Tant pis : butinez de l'un à l'autre, au gré de vos envies !

❶ Frilandsmuseet***

Kongevejen 100 (Sorgenfri)
S-tog B jusqu'à Sorgenfri puis 8 min de marche
☎ 33 47 38 55
www.natmus.dk
De Pâques à mi-oct. : mar.- dim. 10h-17h
Accès libre
Voir « Pour en savoir plus » p. 52.

Le plus **beau musée en plein air de l'architecture rurale** danoise est aussi une formidable tranche de campagne avec... de vrais prés et des moutons qui bêlent ! Chaque ferme, étable ou grange a été démontée pièce par pièce de sa région d'origine et reconstruite ici à l'identique. En plus, la boutique a du miel du manoir de Fjellerup (48 Kr) et de ravissants coussins Museumstekstiler à 268 Kr !

❷ Ordrupgaard***

Vilvordevej 110
S-tog B ou E jusqu'à Lyngby puis bus 388 (arrêt Vilvordevej)
☎ 39 64 11 83
www.ordrupgaard.dk
Mar.-ven. 13h-17h (19h le mer.), sam.-dim. 11h-17h
Entrée plein tarif : 85 Kr.

Un autre musée : la demeure (1918) où le collectionneur Wilhelm Hansen accrochait ses Cézanne, Hammershøi et Gauguin préférés ! Ils sont toujours là, de part et d'autre du jardin d'hiver, mais la perle se cache dans le parc : il s'agit de la maison du designer Finn Juhl (voir p. 104 ; sam.-dim. 11h-17h ; en été, ouv. aussi mar.-ven. 15h-17h).

❸ Klampenborg**

S-tog C ou Kystbanen (Klampenborg).

Bienvenue dans « la ville blanche » *(den hvide by)*,

la plus radieuse de toutes les stations balnéaires de la côte ! Arne Jacobsen y a réalisé entre 1931 et 1937 un chef-d'œuvre du *funkisstil* – la résidence Bellavista en front de mer – ainsi que le théâtre Bellevue, les cabines de plage… Bonne baignade !

❹ Karen Blixen Museet**

Strandvej 111 (Rungsted)
Kystbanen jusqu'à Rungsted puis 10 min de marche
☎ 45 57 10 57
www.blixen.dk
Mai-sept. : mar.-dim. 10h-17h
Oct.-avril : mer.-ven. 13h-16h, sam.-dim. 11h-16h
Entrée plein tarif : 60 Kr.

Si vous avez aimé le film *Out of Africa* avec Meryl Streep et Robert Redford, visitez le manoir où est née et morte Karen Blixen (voir p. 61). Il est tel qu'elle l'avait décoré, avec de très longs rideaux comme le voulait la tradition et des souvenirs du temps où elle avait « une ferme en Afrique, aux pieds des collines du Ngong » : un coffre de Zanzibar, des armes masaï, le pastel qu'elle avait offert à Denys Finch Hatton… Et partout d'adorables bouquets.

❺ Louisiana***

Gammel Strandvej 12 (Humlebæk)
Kystbanen jusqu'à Humlebæk puis 10 min de marche
☎ 49 19 07 19
www.louisiana.dk
Mar.-ven. 11h-22h, sam.-dim. 11h-18h
Entrée plein tarif : 95 Kr
Voir « Pour en savoir plus » p. 53.

À l'origine (1855), c'était la villa du « grand veneur de la Cour » Alexander Brun. Il l'avait baptisée Louisiana en souvenir de ses trois femmes qui se prénommaient toutes les trois Louise (ça ne s'invente pas !). Et voilà qu'en 1958, un mécène entreprit d'agrandir

la propriété pour y montrer l'art du XXe s. Aujourd'hui, le musée est doté d'un parc de sculptures, d'une boutique design, d'un café (voir encadré)…

❼ Le port de Dragør***

Bus 350S depuis Nørreport ou 35 depuis l'aéroport.

Arpentez-le : son dédale de maisons basses aux toits de chaume et tuiles oranges est un miracle d'harmonie ! Et son musée (Strandlinien 4 ; ☎ 32 53 93 07 ; 1er mai-30 sept. mar.-dim. 12h-16h ; 30 Kr) vous dira tout sur son histoire et celle du village voisin où s'étaient établis vers 1520 des maraîchers des Pays-Bas (Christian II les avait fait venir pour qu'ils fertilisent l'île). Leur influence fut telle qu'ici, la messe se disait encore en hollandais en 1811 !

❻ Pour une pause face à la mer : Louisiana Café**

Il a tout pour ravir les visiteurs du musée : un buffet abordable (119 Kr le midi) et très appétissant, composé de tourtes aux petits légumes, Saint-Jacques aux algues, betteraves au raifort etc., et un panorama de rêve sur le Sund, le détroit qui sépare le Danemark de la Suède.

Louisiana – www.louisiana.dk
Mar.-ven. 11h-21h30, sam.-dim. 11h-17h30.

16

Voir plan des environs
en rabat arrière de couverture

Malmö, côté Suède

Depuis qu'un super-pont relie le Danemark à la Suède, il suffit de 36 minutes top chrono pour se rendre à Malmö, aimable ville de 300 000 habitants – danoise jusqu'en 1658 comme toute la Scanie alentour – qui séduit de plus en plus de Copenhagois par sa fiscalité, ses prix un brin moins élevés et son urbanisme écolo. Alors faites comme eux : prenez la navette ! (voir p. 130 les accès en train).

❶ Malmöhus**

Malmöhusvägen 5-8
Bus n° 2 ou 32
☎ 040 34 44 00
www.malmo.se/museer
Juin-août : t. l. j. 10h-17h
Sept.-mai : lun.-ven. 10h-16h, sam.-dim. 12h-16h
Entrée plein tarif : 40 Kr.

Derrière ses douves et ses briques rouges, le plus vieux **château Renaissance** de Suède (1537) vous donnera un bon aperçu de l'histoire de la région. On s'y perd un peu mais rien n'y manque : archéologie, sciences naturelles... Notre coup de cœur ? Le salon de style gustavien, au 1er étage, et la reconstitution d'un intérieur traditionnel scanien avec lit clos et coffres en bois peint. Touchant !

❷ Ribersborgs stranden**

Bus n° 32.

Marchez le long de Ribersborg (« Ribban » pour faire court). C'est un beau ruban de sable, idéal pour prendre un bain de pieds dans le Sund. Vous préférez nager ? Au bout du môle est, le désuet **Kallbadhus** (1898) dispose d'un revigorant sauna qui devrait vous faire oublier la fraîcheur de l'eau (☎ 040 26 03 66 ; www. ribersborgskallbadhus.se ;

mai-août : lun.-ven. 9h-20h, sam.-dim. 9h-18h ; sept.-avril : lun.-ven. 10h-19h, sam.-dim. 9h-16h ; entrée plein tarif : 55 Kr ; hommes à gauche, femmes à droite).

3 Västra Hamnen**

Bus n° 2 ou 8.
Vous en avez peut-être déjà entendu parler : Västra Hamnen – le « **port ouest** » – est un formidable exemple de friche industrielle convertie en éco-

quartier. En 2005, l'architecte espagnol Santiago Calatrava y a construit un gratte-ciel, le **Turning Torso,** dont les derniers étages sont décalés de 90 degrés par rapport aux premiers. Spectaculaire ! À défaut de pouvoir le visiter (c'est un immeuble d'habitation), baladez-vous tout autour : il y a des maisons sur l'eau, un jardin d'hiver dans une bulle de verre, des toits végétalisés, des capteurs solaires…

4 Green Matmarknad*

Västra Varvsgatan 42B
Bus n° 2
☎ 010 330 00 40
www.greenmatmarknad.se
T. l. j. 8h-22h.

Et chez Green, vous devriez trouver de quoi pique-niquer sur les quais ! Cette superette, située au pied du Turning Torso, joue à fond la carte du bio en se fournissant – autant que possible – auprès des producteurs de la région. Résultat : de l'ultra-frais garanti sans additif à des prix raisonnables. Olof Viktors y livre ses pots de marmelade mûres & lime à 65 Kr ; Peter Carlsson, son jus de pomme-framboise à 40 Kr…

6 Hedmanska Gården**

Lilla torg 9.
Chaque saison, elle disparaît un peu plus derrière les parasols et les auvents mais la « petite place » (Lilla torg) n'en reste pas moins l'un des bijoux du vieux Malmö. Surtout le pâté de maisons au n° 9, dont les pans de bois du XVIe s. comptent parmi les mieux conservés de Scanie. L'échoppe à gauche sous le porche (Gustus) vend des peaux d'agneau des îles Féroé à 750 Kr. Et l'ancien « grenier à blé » au fond de la cour vous ouvre les portes du design suédois (**Form Design Center** ; lun.-ven. 11h-18h, sam. 10h30-15h, dim. 12h-16h ; accès libre).

7 Norrgavel**

Engelbrektsgatan 20
Bus n° 4 ou 7
☎ 040 12 22 46
www.norrgavel.se
Lun.-ven. 10h30-18h, sam. 10h30-15h.

Créée en 1991 par l'architecte Nirvan Richter, Norrgavel compte aujourd'hui une demi-douzaine de magasins de déco en Suède. Leur point fort ? Le mobilier en bois naturel et les textiles : ils ont en rayon de craquantes serviettes de bain et de superbes sets de table Växbo Lin, des plaids, des taies et tout plein de housses de coussin en peau de mouton bouclée (à partir de 250 Kr).

5 Pour un thé vert devant la mer : Salt&Brygga*

Dans le restau éco-responsable que Björn Stenbeck a eu la bonne idée d'ouvrir à deux pas de l'eau, les thés (35 Kr) sont triés sur le volet et les cafés, issus du commerce équitable. On peut aussi y grignoter en terrasse : le plat du jour tourne autour de 110 Kr.

Sundspromenaden 7 – Bus n° 2 ou 8
☎ 040 611 59 40 – www.saltobrygga.se
Lun.-ven. 11h30-21h, sam. 12h30-21h.

Tivoli

En 1840, un jeune lieutenant, Georg Carstensen, eut l'idée de créer un parc d'attractions à l'emplacement des anciens remparts : le site avait un vrai potentiel scénographique, d'autant que les douves pouvaient être transformées en lac. Il parvint à convaincre le roi qu'avec des feux d'artifices et une touche d'exotisme, un tel parc détournerait le bon peuple des idées révolutionnaires qui menaçaient alors les monarchies européennes…

Le 15 août 1843

Sensible à l'argument, Christian VIII donna son feu vert et Carstensen réussit, en un temps record et avec l'aide de l'architecte Harald Stilling, à inaugurer Tivoli le 15 août 1843. Le premier jour, le parc accueillit 3 615 visiteurs ; le dimanche suivant, 10 000 ; à la fin de la saison, 175 000 dont… H. C. Andersen : emballé par les décors orientaux, le conteur (voir p. 60) se mit aussitôt à écrire *Nattergalen – Le Rossignol et l'Empereur de Chine.*

Montagnes russes…

Des esprits chagrins avaient prédit que les montagnes russes *(rutschebanen)* n'auraient aucun succès car « les Danois n'aiment pas ce qui est russe » (!) mais le public fut immédiatement conquis. Les gondoles qui voguaient sur les douves firent aussi la joie des visiteurs.
En 1863, Stilling édifia le grand bazar façon « Mille et une nuits » (Carstensen avait passé son enfance à Alger) ainsi que la salle de concert octogonale dite « Glassalen », où H. C. Lumbye – le Johann Strauss danois – dirigea l'orchestre durant 50 ans. Ses valses sont toujours au répertoire.

… et pantomime

Au fil des ans, de nouveaux manèges ont fait leur apparition, pour le plus grand plaisir des amateurs de sensations fortes – le tapis volant, le petit train *Odin-Ekspress,* le dragon… – mais le théâtre de pantomime, lui, n'a pas changé depuis 1874 : Harlekin, Pjerrot et Columbine continuent de jouer la commedia dell'arte derrière le rideau « chinois », décoré de plumes de paon par Vilhelm Dahlerup (l'architecte du Théâtre royal – voir p. 118).

> COORDONNÉES

Voir p. 10
Vesterbrogade 3 (G8)
Bus 2A, 5A, 9A, 10, 11A, 14, 26, 40 ou S-tog København H
☎ 33 15 10 01
www.tivoli.dk
Mi-avril/fin sept. : dim.-jeu. 11h-22h (23h en juil.-août), ven.-sam. 11h-minuit
Halloween (2e quinzaine d'oct.) : t. l. j. 11h-23h
Avent (mi-nov./fin déc. sf Noël) : t. l. j. 11h-22h (23h les ven.-sam.)
Entrée plein tarif : 95 Kr.

Ny Carlsberg Glyptotek

Les Jacobsen étaient des amateurs d'art très éclairés et très francophiles. Carl et Ottilia collectionnaient, entre autres, les antiquités étrusques, les bustes romains et la sculpture française du XIXe s. (Rodin). Leur fils Helge préférait la peinture : c'est lui qui a acquis quelques-uns des chefs-d'œuvre de Gauguin, dont *Vahine no te tiare*...

La collection étrusque

Elle comprend un petit mais superbe lot de têtes sculptées et d'urnes funéraires des IIIe-Ier s. av. J.-C. Ces têtes sculptées étaient placées sur le rebord des toits des temples pour indiquer la divinité que l'on y vénérait (et accessoirement masquer le vide des tuiles). Les urnes – en terre cuite elles aussi – étaient décorées, en façade, de scènes de duel et, sur le couvercle, de la figure allongée du défunt (les femmes étaient souvent représentées un éventail à la main ; les hommes, avec une coupe de vin).

Le Baiser de Rodin

Carl Jacobsen avait découvert *Le Baiser* à Paris, lors de l'Expo universelle de 1889. Impressionné par ce marbre qui réunit deux amants célèbres du Moyen Âge (Francesca et son beau-frère Paolo da Rimini), il en avait aussitôt commandé une réplique. Rodin la livra en 1904. Carl la jugea « sublime » et finança d'autres sculptures, dont deux grands formats : *Le Penseur* et *Les Bourgeois de Calais*. Résultat : le musée conserve 33 œuvres de Rodin.

Gauguin au Danemark

Après le krach boursier de 1882, Gauguin quitte son emploi d'agent de change et décide de vivre de son art mais ne vend pour ainsi dire rien à Paris. Sa femme, qui est danoise (Mette Gad), le persuade alors de s'établir à Copenhague. Fin 1884, le couple emménage avec leurs cinq enfants à Frederiksberg. Hélas, sa première expo à la Kunstforening (voir p. 15) est un échec cuisant et Gauguin quitte Copenhague dès 1885 en recommandant à Mette : « tâche de me faire connaître au Danemark ! » Ce qu'elle fera : à elle seule, la Glyptotek possède 33 de ses œuvres.

> COORDONNÉES

Voir p. 11
Dantes Plads 7 (G8/H8)
Bus 1A, 2A, 11A, 14, 26, 40, 66 ou S-tog København H
☎ 33 41 81 41
www.glyptoteket.dk
Mar.-dim. 11h-17h
Entrée plein tarif : 75 Kr (gratuit le dim.).

Nationalmuseet

Au Musée national, l'histoire du Danemark occupe trois départements : au niveau 0, la préhistoire (que l'on fait durer ici jusqu'à 1050 apr. J.-C.) ; au 1er, le Moyen Âge et la Renaissance ; et au 2e, l'ère moderne, divisée en 3 sections : la monarchie absolue (1660-1848), Peuple et Nation (1848-1915), l'État providence (1915-2000). Prenez le plan – gratuit lui aussi ! – et ne manquez pas...

Les pierres de la salle 15

Les anciens Scandinaves se servaient, pour écrire, d'un « alphabet » particulier, le *futhark*, qui comportait 24 signes ou « runes » (16 à partir du IXe s.). Les runes se traçaient souvent – de gauche à droite ou de droite à gauche – sur des pierres qui étaient plantées en terre, près d'un lieu de passage ou d'une sépulture, pour rappeler la mémoire d'un chef ou la continuité du clan. Les archéologues ont retrouvé au Danemark 250 pierres de ce type, dites « pierres runiques » *(runestene)*.

L'appartement rococo

Les salles 217-221 du musée sont occupées par une suite de trois pièces que Diderich Schäffer, ébéniste à la Cour, avait décorées dans les années 1740. Elles proviennent d'un appartement situé au nº 6 de la Magstræde (p. 15), l'un des rares du vieux Copenhague qui ait survécu aux incendies à répétition. Le style, typique de la bourgeoisie aisée du XVIIIe s., fleure bon le rococo : lambris gris pâle, moulures dorées, placard déguisé en cheminée d'angle et toiles inspirées des *Métamorphoses* d'Ovide...

La collection groenlandaise

À force de multiplier les expéditions au pays des Inuits, les missionnaires, marchands et explorateurs danois des siècles passés ont rapporté à Copenhague une quantité vertigineuse de harpons, kayaks et *umiaks* (embarcation en os de baleine et peau de phoque, traditionnellement utilisée par les femmes). Des anoraks aussi (salles 271-272), qui différaient selon les matériaux disponibles : renard et ours dans le Nord, boyaux de phoque sur la côte Est...

> COORDONNÉES

Voir p. 15
Ny Vestergade 10 (H8)
Bus 1A, 2A, 11A, 14, 26 ou 40
☎ 33 13 44 11
www.natmus.dk
Mar.-dim. 10h-17h
Accès libre.

Christiansborg Slot

On ne compte plus le nombre de châteaux qui se sont succédé à cet emplacement ! Tour à tour agrandis, incendiés, reconstruits, ils ont longtemps servi de résidence principale aux rois de Danemark. L'actuel palais, bâti par Thorvald Jørgensen, ne date que de 1903. Mais dans ses sous-sols sombres se cachent les vestiges…

Mur blanc et tour Bleue

… des châteaux précédents (Ruinerne). Notamment un pan du mur d'enceinte qu'Absalon, évêque de Roskilde et fondateur de Copenhague, avait fait ériger en 1167 pour protéger la ville des incursions des pirates. Ce mur blanc mesurait 5 m de hauteur et l'on avait coutume d'y accrocher quelques têtes d'ennemis pour décourager les assaillants potentiels. Autre curiosité : la tour Bleue (Blåtårn), qui faisait autrefois office de cachot. Leonora Christina – la propre fille de Christian IV – y fut enfermée, au XVIIe s., pendant 21 ans 9 mois et 11 jours, parce que… son mari s'était rendu coupable de trahison.

Les « salles d'apparat »

Les Kongelige Repræsentationslokaler, tout en lustres et stucs dorés, sont utilisées pour les dîners de gala et autres réceptions d'ambassadeurs. La plus imposante est la salle des Chevaliers (Riddersalen) où 17 tapisseries assez flashy – dessinées par Bjørn Nørgaard et tissées à Paris par la Manufacture des Gobelins (2000) – évoquent l'histoire du Danemark, des Vikings à nos jours. On peut lui préférer la bibliothèque de la Reine, avec son joli vol de cigognes au plafond, ou la salle d'Alexandre avec sa longue frise en marbre sculptée par Thorvaldsen (voir p. 16).

La chapelle du château

Dévastée par un pétard durant le Carnaval de 1992, la sobre Slotskirke (1826) a été restaurée avec beaucoup de soin. Elle est normalement réservée aux baptêmes, mariages et funérailles de la famille royale (la dépouille du souverain est exposée là avant d'être inhumée à la cathédrale de Roskilde) mais chaque année, le premier mardi d'octobre, le Parlement y donne une messe pour célébrer solennellement l'ouverture des sessions.

> COORDONNÉES

Voir p. 16
Christiansborg Slotsplads (H7-8)
Bus 1A, 2A, 9A, 26, 40 ou 66
Havnebus 991/992
☎ 33 92 64 92
www.christiansborg.dk
• **Salles d'apparat :** Mar.-dim. 10h-17h (ouv. aussi le lun. de mai à sept.) À 15h, tour guidé en anglais
Entrée plein tarif : 80 Kr.
• **Chapelle :** tous les dim. et en juil. t. l. j. : 12h-16h
Accès libre.

Christiania

Son histoire débute en 1969, lorsque l'armée abandonne le terrain qu'elle occupait sur les bastions de Christianshavn : le gouvernement n'ayant prévu aucun plan de reconversion, une poignée de hippies ouvre une brèche dans la clôture et s'installe entre les anciennes douves et les casernes désaffectées. Peu à peu, elle y forme une communauté indépendante – Christiania – où trouvent refuge Inuits, junkies et autres exclus.

De l'expérimentation sociale…

Les adeptes du *peace and love* bricolent des maisons très originales qu'ils emplissent de couleurs et de rythmes reggae. Ils dépendent de l'État pour l'eau et l'électricité mais s'occupent eux-mêmes de l'entretien des berges et de la gestion des déchets. Au fil des ans, leur enclave s'organise en quartiers (Voie lactée, Caramel bleu…) et se dote d'un jardin d'enfants, d'un cinéma, d'une radio libre… Et d'un drapeau : trois points jaunes sur fond orange, représentant les points des trois *i* de Christiania.

… à la normalisation

Hélas, son statut de « ville libre », garanti par l'État en 1989, lui attire bien des ennuis : deux gangs adverses – les Bullshit et les Hells Angels – en font leur terrain de jeu et les dealers y trouvent une source non négligeable de profit. Les partis de droite ne voient dans ce squat qu'une atteinte à la souveraineté de l'État et un repaire de délinquants. Les promoteurs, eux, rêvent de le raser pour y bâtir un complexe résidentiel avec vue imprenable sur le Stadsgraven. En 2011, un accord est enfin conclu entre le gouvernement et les 1 000 habitants qui réussissent à réunir 76 millions de couronnes : les Christianitter sont désormais propriétaires de l'enclave.

Codes et usages

Le règlement intérieur édicté par l'assemblée générale de Christiania interdit à tout visiteur de courir, de camper, de vendre ou d'acheter des drogues dures, d'introduire des armes, de photographier la zone où opèrent les dealers et de porter l'insigne d'un gang. Aucune violence n'est tolérée. Les seuls modes de déplacement autorisés sont le vélo et la marche.

> COORDONNÉES

Voir p. 19 – Plan E4/F4
Bus 9A ou
M° Christianshavn
Accès libre
De fin juin à fin août : visites guidées t. l. j. à 15h (40 Kr)
Photographie rigoureusement interdite dans la zone dite « Pusher Street » ou « Green light district ».

Amalienborg

Les quatre palais, édifiés à l'origine (1751) pour quatre conseillers de Frédéric V, appartiennent à la famille royale depuis 1794. Aujourd'hui, Margrethe II réside dans le palais Schack (dit « Christian IX ») et loge ses hôtes de marque au palais Moltke (« Christian VII ») ; son fils Frédéric habite le palais Brockdorff (« Frédéric VIII »)...

Les bureaux des Glücksbourg

... quant au palais Levetzau (« Christian VIII »), il est en partie occupé par un petit musée où ont été reconstitués à l'identique les cabinets de travail de quatre rois et le salon privé de la reine Louise. La déco est terriblement surchargée mais vaut le coup d'œil : tapisseries imitant le cuir doré, meubles néorenaissance, peau d'ours blanc, kayak groenlandais... Il y a même une sonnette en forme d'éléphant sertie par le joaillier Carl Fabergé !

La statue équestre

Elle fait partie de la mise en scène voulue par Frédéric V mais le roi, mort en 1766, n'eut jamais le loisir de l'admirer : le sculpteur qu'il fit venir de France en 1753 – Jacques-François Saly – mit 18 mois à étudier divers chevaux, 12 ans à parfaire les ébauches, exécuter la copie en plâtre, préparer les moules et 3 ans à ciseler les détails de la statue de 22 tonnes. Le tout coûta une fortune (supérieure, dit-on, à la construction des quatre palais !), d'autant que Saly, en plus de ses 150 000 livres de gages, fut nourri-logé-blanchi pendant tout son séjour (21 ans) !

L'église de Marbre

Son chantier, entrepris dès 1740 pour fêter les 300 ans de règne de la dynastie des Oldenbourg, dut être interrompu trente ans plus tard, tant le matériau utilisé – du marbre de Norvège – était onéreux. Il fallut attendre 1894 pour la voir enfin achevée... en marbre danois (moins cher !). La coupole, inspirée de Saint-Pierre de Rome, a été décorée de fresques par Chresten Overgård *(Les Apôtres)*. Les statues à l'extérieur représentent des dignitaires et des hommes illustres (Kierkegaard – voir p. 60).

> COORDONNÉES

Voir p. 22 – Plan E3

Bus 1A

- **Tour guidé en anglais** (1h) du palais Christian IX
De juil. à sept., sam. et dim. 13h et 14h30 (75 Kr)
- **Le musée du palais Christian VIII**
☎ 33 12 08 08
www.amalienborgmuseet.dk
Nov.-avril : mar.-dim. 11h-16h
Mai-oct. : t. l. j. 10h-16h
Entrée plein tarif : 65 Kr
- **L'église de Marbre (Marmorkirken)**
www.marmorkirken.dk
Lun.-jeu. et sam. 10h-17h, ven. et dim. 12h-17h
Accès libre (sauf la tour : 25 Kr).

Havnen

Le port *(havnen)* est le vrai berceau de Copenhague. Il a abrité ses premiers habitants : des pêcheurs de hareng, qui en faisaient commerce. Il a façonné la ville. Il lui a même donné son tout premier nom : *hafn*, selon les archives de 1043. Depuis, le *hafn* s'est considérablement agrandi pour devenir *København*, le « port des marchands », avec des zones industrielles, résidentielles et militaires, à découvrir au ras de l'eau, du nord au sud.

Le port nord

Entre la marina de Svanemølle et Kastellet s'étend, sur 3 km^2, le « port nord » (Nordhavnen, F1), moins marchand qu'au siècle dernier mais encore très actif. Un quartier vert **(Århusgadekvarteret,** voir p. 63) est même en train de voir le jour à deux pas du terminal où accoste le ferry d'Oslo. Au sud, l'île artificielle de **Trekroner** fut créée en 1713 pour protéger l'entrée du port, et **Refshaleøen** (F2) abritait jusqu'en 1996 les chantiers navals Burmeister & Wain, véritable « icône » dans l'histoire industrielle du pays.

Le port intérieur

Le secteur compris entre Nordre Toldbod (E2) et Langebro (D4) constitue le **« port intérieur »** (Inderhavnen). Si vous le sillonnez en bateau-bus, vous verrez – au pied du siège de l'entreprise Mærsk, n° 1 mondial dans le domaine du transport maritime – les deux charmants pavillons de l'embarcadère royal. Et, sur l'autre rive, la frégate *Peder Skram* (vis. juil./mi-août, t. l. j. 11h-17h ; 60 Kr). Si vous embarquez sur Canaltours, vous contournerez Holmen (F3), l'arsenal de **Frederiksholm,** ses vieux hangars et son ex-chantier de vedettes lance-torpilles, converti en résidence de luxe.

Le port sud

Une fois franchi le Langebro, le bateau laisse à bâbord le plongeoir en bois des bains d'Islands Brygge (D5), aménagés par le cabinet Plot **(Havnebadet ; ☎** 30 89 04 70 ; 1er juin-31 août, lun.-ven. 7h-19h, sam.-dim. 11h-19h ; accès libre), et à tribord le centre commercial Fisketorvet (C5, p. 81). Un peu plus loin, les tours cylindriques accolées sont deux silos de la Sojakagen (une ancienne fabrique de gâteaux de soja) métamorphosés en immeuble d'habitation : **Gemini.** Dernière escale : **Teglholmen,** un quartier très défavorisé autrefois, qui a remporté en 2009 le 1er Prix d'urbanisme.

> COORDONNÉES

Voir p. 23 – Plan F1/D5

- **Århusgadekvarteret :** S-tog Nordhavn
- **Trekroner et Frederiksholm :** Canaltours (« hop-on hop-off north ») au départ de Nyhavn (voir p. 130)
- **Refshaleøen :** Havnebus 992
- **Port intérieur :** Havnebus 991/992
- **Havnebadet :** M° Islands Brygge
- **Gemini et Teglholmen :** Havnebus 991.

Rosenborg Slot

De la cave au grenier, le château de Rosenborg surprend par sa déco très… bigarrée – chaque roi y ayant laissé sa marque – et par la diversité de ses collections : il y a même de très vieilles bouteilles d'un vin que l'on sert uniquement le Jour de l'an. À ce rythme, les réserves devraient suffire pour les trois cents années à venir…

Faux marbres et pierres dures

Des sept salles du rez-de-chaussée, retenez surtout les nos 1 et 5, décorées au XVIIe s. : le salon d'hiver de Christian IV (n° 1), tout en chaudes boiseries et peintures flamandes, conserve un précieux plateau de table florentin en mosaïque de pierres dures. Quant au salon de Frédéric III (n° 5), il doit à un artiste italien, Francesco Bruno, son extravagant plafond ruisselant de stucs et ses murs en *scagliola* (faux marbre à base de plâtre, teinté de pigments naturels et longuement poli à l'huile de lin).

La grande galerie

Grimpez au 2e étage ! Vous y verrez non seulement un service Flora Danica au grand complet (n° 23 ; voir p. 106) mais aussi la fastueuse salle des chevaliers, dite aussi « grande galerie », ornée de tapisseries commémorant les victoires de Christian V en Scanie (1675-1679). Les trônes – celui de la reine, en argent, et celui du roi, en dent de narval – ne sont plus utilisés depuis 1840, mais à la mort du souverain, les trois lions d'argent *(sølvløver)* montent encore la garde autour de son lit de parade.

La salle du Trésor

C'est au sous-sol du château que sont exposées – pas très loin des fameuses bouteilles de vin de Rosenborg ! – les *kongekroner,* les couronnes royales. Elles ne sont plus portées depuis 1849, année de l'instauration de la monarchie

constitutionnelle, mais sortent parfois de leur vitrine : à la mort du souverain, la couronne est posée sur son cercueil. La plus rutilante est celle de Christian IV (1596) qui arbore, entre émaux et diamants, trois figurines symbolisant ses vertus : justice, force, charité.

> COORDONNÉES

Voir p. 24
Øster Voldgade 4A (H6)
Bus 6A ou 11A
☎ 33 15 32 86
www.rosenborgslot.dk
Mai-oct. : t. l. j. 10h-16h (17h de juin à août)
Nov.-avril : mar.-dim. 11h-14h
Entrée plein tarif : 80 Kr.

Statens Museum for Kunst (SMK)

Au musée national des Beaux-Arts, une bonne partie du 2e étage est consacrée à l'art danois et nordique *(dansk og nordisk kunst)*. Seul un échantillon de la collection est exposé – 400 œuvres sur 3 500 au total – mais il embrasse les meilleurs représentants du genre, de l'âge d'or à l'aube du XXe siècle : Købke, Ancher, Hammershøi...

L'âge d'or : 1800-1850

Cette période féconde s'ouvre avec C. W. Eckersberg, qui fut le tout premier à planter son chevalet en plein air et à peindre des vues humbles, délicates et souvent panoramiques de la campagne : c'est le cas de l'adorable *Paysage avec échalier, île de Møn* (1810). Son élève Christen Købke nous a laissé lui aussi des tableaux tout en nuances : sa *Vue d'Østerbro dans le matin* (1836) décrit, avec un sens aigu de la lumière et de l'observation, des pêcheurs et des paysans sur le chemin du marché.

La percée moderne

Vers 1870, le ton change ! Les peintres de cette période (dite « Moderne Gennembrud », la « Percée moderne ») se tournent vers le peuple, un sujet que les générations précédentes avaient souvent relégué au second plan. La salle 224 réunit plusieurs toiles réalistes qui ont pour héros des gens ordinaires. La plus remarquable ? *Bateau de sauvetage* (1883) de Michael Ancher, qui faisait partie d'une colonie d'artistes installée dans le nord du Jutland (« les peintres de Skagen »). *Les Locataires expulsés,* d'Erik Henningsen (1892), s'inscrit dans la même veine.

Vilhelm Hammershøi

Arrêtez-vous, salle 228, devant cet autre grand nom de la peinture danoise ! On ne sait pas grand-chose de lui sinon qu'il était discret, presque effacé, et qu'il arpentait les canaux de Christianshavn (p. 18), mais ses œuvres, toutes empreintes d'une profonde mélancolie, lui ressemblent : les paysages sont dépeuplés ; les intérieurs austères, parfois occupés par une femme solitaire, toujours vue de dos. Tout est silence, même la palette, réduite à des tons gris et sourds qui rappellent Vermeer.

> COORDONNÉES

Voir p. 25
Sølvgade 48-50 (D2-3)
Bus 6A, 26 ou
S-tog Østerport
☎ 33 74 84 94
www.smk.dk
Mar.-dim. 10h-17h
(jusqu'à 20h le mer.)
Collections permanentes : accès libre
Expos temporaires : entre 0 et 95 Kr.

Roskilde Domkirke

A-t-elle été vraiment bâtie, comme on le dit souvent, à l'emplacement de l'église en bois du lointain roi Harald-à-la-Dent-bleue ? C'est possible ! En tout cas, la cathédrale de Roskilde doit son style, proche du gothique français, à un évêque de la fin du XIIe (Peder Sunesen) qui avait fait ses études à Paris. La décoration intérieure, elle, s'est échelonnée sur plusieurs siècles.

De la nef au chœur

Ainsi, la *kongeloge* – la ravissante loge en bois doré qui surplombe la nef entre les 3e et 4e piliers nord – date du règne de Christian IV (voir p. 58). Jetez-y un œil (ses jolies cariatides symbolisent les vertus chrétiennes : charité, prudence…) ainsi qu'à l'orgue baroque qui lui fait face : c'est l'un des plus beaux du Danemark. Derrière le maître-autel à trois volets, importé d'Anvers vers 1560, vous croiserez le gisant de la reine Marguerite Ire et les sarcophages en marbre de Christian V et Frédéric IV.

La chapelle de Christian IV…

Elle a été décorée au XIXe s. par Vilhelm Marstrand – un élève d'Eckersberg (voir p. 50) – de grandes scènes historiques, entourées d'un habile cadre en trompe l'œil. Celle de droite nous montre, sur le pont d'un navire, Christian IV blessé à l'œil mais toujours aussi énergique, en train d'exhorter ses hommes à poursuivre la bataille contre la flotte suédoise. Notez au passage la virtuosité des grilles : celui qui les a forgées en 1618 – Caspar Fincke d'Elseneur – y a apposé sa signature tout en bas.

… et celle des Rois mages

Cette chapelle, qui doit son nom aux Rois mages figurant sur la fresque du mur sud, conserve deux magnifiques tombeaux – ceux de Christian III et Frédéric II – conçus par des artistes hollandais à la façon de petits temples de l'antiquité romaine. Vous voyez les traits sur le pilier central ? Ils indiquent la taille des rois et des princes qui ont visité la cathédrale au fil du temps mais on se demande si certains, comme Christian Ier (2,19 m), ne seraient pas venus avec des semelles compensées…

> COORDONNÉES

Voir p. 36 (et p. 130 pour l'accès à Roskilde)
Domkirkepladsen
(Roskilde – voir plan des environs)
☎ 46 35 16 24
www.roskildedomkirke.dk
Avril-sept. : lun.-sam. 9h-17h, dim. 12h30-17h
Oct.-mars : mar.-sam. 10h-16h, dim. 12h30-16h
Entrée plein tarif : 60 Kr
En été : concerts d'orgue gratuits le jeu. à 20h.

Frilandsmuseet

Le musée en plein air de Sorgenfri compte à ce jour plus de 80 constructions rurales qui diffèrent d'une région à l'autre par leurs matériaux, leur disposition – un carré en Seeland, un *U* en Fionie… – et leur aménagement intérieur. Elles offrent à ce titre un bel aperçu de la façon dont on vivait aux XVIII-XIXe siècles dans les campagnes danoises, sous la férule d'une noblesse encore puissante.

Algues et bois d'épave

Les régions qui ont maintenu le plus longtemps leurs traditions sont les îles les plus isolées, telle Fanø (n° 2) où les « cottages » avaient des murs en brique comme en Frise et des carreaux de céramique hollandaise. Ou Bornholm (n° 3), restée danoise après le traité de 1658 : là, les bâtiments de ferme, en torchis chaulé de blanc, se répartissaient autour d'une cour carrée ouverte vers les vergers. À Læsø (n° 9), poutres et poteaux étaient en bois d'épave et les toitures, du chaume recouvert d'algues.

Le manoir de Fjellerup

Dans le secteur nord du musée se trouve le manoir de Fjellerup (n° 25) qui « régnait », à la fin du XVIIIe s., sur 40 fermes et 245 hectares de terres de la presqu'île de Djursland (Jutland oriental). Il se compose de longues et robustes granges à pan de bois noir et murs blancs, d'un parc romantique où l'on jouait au croquet et d'une maison de maître badigeonnée de rose, où vivaient les barons Juel de Meilgård. Le hall a été décoré vers 1803 de charmants festons et de paysages en dessus-de-porte.

Un hameau des Féroé

Les constructions nos 15-19 qui s'accrochent au flanc est du musée sont nettement plus austères ! Elles viennent de Múli, un hameau de l'île de Borðoy dans l'archipel des Féroé. Jusque dans les années 1940, la famille Olsen avait pour tout logis la ferme basse au toit de tourbe et d'écorces de bouleau : elle travaillait et dormait près du feu, la pièce en pierres étant réservée au maigre bétail. On conservait viandes et poissons dans un cellier extérieur, ouvert aux vents salés de l'Atlantique nord.

> COORDONNÉES

Voir p. 38

Kongevejen 100 (Sorgenfri – voir plan des environs)
S-tog B jusqu'à Sorgenfri puis 8 min de marche
☎ 33 47 38 55
www.natmus.dk
De Pâques à mi-oct. : mar.-dim. 10h-17h
Accès libre.

Louisiana

De part et d'autre de la villa Louisiana, les architectes chargés de l'agrandir ont créé, au fil des ans, trois ailes reliées par des corridors de verre qui desservent les différentes expositions temporaires en ménageant çà et là de jolis points de vue sur le parc. Les collections « maison », elles, ne sont visibles qu'en partie mais deux peintres manquent rarement à l'appel : Jorn et Kirkeby.

La fougue du Cobra

Asger Jorn (1914-1973) était le membre le plus actif d'un groupe expérimental, créé en 1948 et dissous en 1951, qui s'était donné le nom de Cobra (premières lettres de Copenhague, Bruxelles, Amsterdam) et qui revendiquait une grande spontanéité créatrice. Il peignait avec fougue – c'est peu de le dire – sur toutes sortes de supports (y compris des tableaux d'autres peintres qu'il chinait dans les brocantes !) des visions dégoulinantes de couleurs crues, peuplées de créatures fantomatiques et d'animaux hybrides inspirés, semble-t-il, par le bestiaire viking.

Minéral et sublime

On qualifie parfois son œuvre de néo-expressionniste (il est vrai que Per Kirkeby, né en 1938, est resté fidèle à la vraie peinture, à une époque où la mode était plutôt au « conceptuel ») mais l'artiste lui-même récuse cette étiquette : ses grandes toiles, balayées avec énergie de couleurs fortes, gardent la trace de ses études en géologie qui l'ont souvent conduit au Groenland. Elles ne cherchent donc pas à être « comprises » mais à nous plonger dans un univers mystérieux, sensible, un chaos souterrain qui laisse deviner des forêts et des falaises.

La collection de sculptures

C'est l'autre point fort du musée ! Elle comprend des œuvres d'Alexander Calder, Max Ernst, Joan Miró... Certaines occupent l'aile nord (les 13 pièces d'Alberto Giacometti par exemple), d'autres jalonnent le parc, paysagé par Ole et Edith Nørgaard de manière à ce qu'elles interagissent avec la nature environnante. C'est le cas du monumental bronze de Henry Moore, *Figure étendue n° 5* (1963-1964), qui a la mer pour toile de fond.

> COORDONNÉES

Voir p. 39
Gammel Strandvej 12 (Humlebæk – voir plan des environs)
Kystbanen jusqu'à Humlebæk puis 10 min de marche
☎ 49 19 07 19
www.louisiana.dk
Mar.-ven. 11h-22h, sam.-dim. 11h-18h.
Entrée plein tarif : 95 Kr.

Le vrai visage des Vikings

Les moines du Moyen Âge ont beaucoup exagéré les méfaits des Vikings. Si l'on en croit leurs récits, les ancêtres des Scandinaves modernes étaient des brutes épaisses, de sanguinaires prédateurs, qui passaient leur temps à piller les abbayes et à boire dans le crâne de leurs ennemis. Les salles du Musée national (p. 15) consacrées à la préhistoire du Danemark tordent le cou à ces mythes et dessinent une réalité infiniment plus… nuancée de l'ère viking qui a duré du VIIIe au XIe siècle.

L'expansion danoise

En fait, les Vikinger étaient des commerçants rompus aux affaires, qui savaient négocier l'ambre et la fourrure et ont fondé des cités florissantes dans le nord de l'Europe. Certes, ils avaient le goût du risque et l'épée facile, il leur arrivait de semer la terreur mais ils n'avaient pas le monopole de la cruauté ! À la différence des Vikings « suédois » (qui se sont tournés vers les marchés de l'Est, Novgorod, Kiev, les steppes russes…) et des Vikings « norvégiens » (qui ont cinglé vers le nord de l'Écosse, les Féroé, le Groenland et Terre-Neuve), les Vikings « danois » ont jeté leur dévolu sur la Tamise – à la fin du IXe s., ils contrôlaient déjà tout le Nord-Est anglais ! – et sur l'empire carolingien. Rouen d'abord puis Paris, qu'ils assiègent en l'an 885 avant de finir par s'établir durablement sur le cours inférieur de la Seine (l'actuelle Normandie) où ils laisseront derrière eux de nombreux noms de lieux et de famille – Angot, Anquetil, Hague, Houlme… – ainsi qu'une centaine de termes, maritimes pour la plupart comme hauban, hune, quille…

Des navigateurs hors pair

Le mot « drakkar », en revanche, est une pure invention française du XIXe s. Les Vikings n'ont jamais appelé *drakkar* leurs bateaux (*dreki* désignait tout au plus la tête de dragon placée à la proue et à la poupe pour défendre les marins des esprits du mal qui se cachent dans les flots). Par ailleurs, ils avaient développé, dès l'an 800, plusieurs types de bateaux très différents, en fonction de l'usage et des eaux : le petit *byrding* utilisé par les fermiers pour vendre leurs produits le long des côtes danoises, le robuste *knarr* en pin, conçu pour naviguer en mer du Nord… Pour les archéologues qui ont réussi à les dater avec précision (ils hésitent juste entre… mai et juin 1042 !), les épaves découvertes dans le fjord de Roskilde sont une véritable mine de renseignements sur la construction navale (pour la visite, voir Vikingeskibsmuseet p. 37). La main-d'œuvre était déjà ultra-spécialisée : le *stævsmed* était chargé de fabriquer la quille et l'étrave ; le *skibssmed* était responsable de la charpente et des bordés… C'est grâce à ce savoir-faire que les Vikings ont pu, vers l'an mil et sans boussole, fendre les flots jusqu'en Terre-Neuve au terme d'une navigation hauturière de plus de 4 000 km.

Des forts circulaires

Les Vikings étaient avant tout des hommes d'ordre. La société comportait trois classes : les esclaves, les paysans libres (dont le statut était bien plus enviable que celui des autres paysans d'Europe à la même époque), et les chefs ou roitelets, élus par une assemblée dite *ting*. Les fortifications, érigées en chêne, tourbe et terre selon un plan parfaitement géométrique, témoignent elles aussi d'un remarquable sens de l'organisation : on a mis au jour, en 1954, sur le site de Trelleborg, un fort muni d'un rempart circulaire percé de portes aux quatre points cardinaux. Ce camp, qui abritait sans doute des casernes et des ateliers de forgeron, remonte au règne de Harald à la Dent bleue (vers 980). Il est ouvert au public d'avril à fin oct. (Trelleborg, 90 km S-O de Copenhague par l'E20, sortie n° 39 « Slagelse » ; mar.-dim. 10h-16h, 17h du 1er juin au 31 août ; entrée : 60 Kr).

Les Vikings sont de retour !

Beaucoup de Danois se passionnent pour l'épopée de leurs ancêtres : certains poussent même la Viking attitude jusqu'à s'installer dans « un village viking » pour y vivre comme autrefois ! Les festivals vikings connaissent aussi un grand succès. Celui de Roskilde (p. 36) recrée un marché médiéval avec vente de produits artisanaux (fin juil., www.vikingeskibsmuseet.dk ; 100 Kr). L'occasion de voir Anna Nørgård coudre une voile à l'ancienne et Lenette Bech carder la laine d'un rustique mouton, le *spælsau*…

Une capitale verte

Copenhague a été élue « capitale verte de l'Europe pour 2014 ». Il faut dire qu'elle s'est particulièrement illustrée, ces dernières années, en matière de transports doux, de voies cyclables et de qualité de l'air. Elle a aussi un autre atout : la nature y est partout à portée de main ! Plages pour la détente, prairies pour la balade, bains dans le port… : de quoi passer de belles vacances d'été en ville !

Nager dans le port

Copenhague s'est aussi distinguée dans la gestion de l'eau. Depuis 2003, son port est redevenu « cristallin ». On peut s'y baigner ! Bien sûr, c'est… de l'eau de mer. Elle est donc fraîche, salée, et il peut y avoir du courant mais elle est ultra-propre. Il existe déjà, au centre, deux bains portuaires *(havnebad)* : un à Islands Brygge (p. 48) et un autre à Fisketorvet (« Copencabana », Kalvebod Brygge 55 ; C5 ; ouv. de juin à août ; t. l. j. 11h-19h ; www.kubik.kk.dk/fisketorvetbad ; accès libre). Tous deux sont dotés de bassins pour les enfants. Si jamais la qualité de l'eau n'est pas au rendez-vous, on hisse le drapeau rouge et l'on alerte les nageurs sur leurs smartphones.

Parc ou forêt ?

Pour s'aérer les poumons ou s'allonger dans l'herbe, les habitants ont presque tous un parc *(park)* ou un jardin *(have)* à moins de 400 m de leur domicile. La plupart, comme Skydebanehave (p. 31), disposent d'une aire de jeux mais chacun a sa spécialité : Kongens Have (p. 24) s'agrémente d'une roseraie et d'un théâtre de marionnettes ; le Botanisk Have (p. 25) possède une belle serre à palmiers et Ørstedsparken (p. 27), quelques arbres très exotiques. Pour voguer en barque au printemps, rien de tel que la romantique rivière qui sinue dans la partie nord du Frederiksberg Have (p. 29). Quant aux pelouses de Fælledparken (le plus grand parc du faubourg d'Østerbro, p. 35), elles se prêtent à merveille aux tournois de foot. Vous préférez les senteurs de la forêt ? Un bois vous attend sagement à 20 min de marche du M° Vestamager, dans la réserve de Kalvebod Fælled (voir encadré ci-dessous). Il y en a un, aussi, autour du manoir de Karen Blixen (p. 39) : un sentier, jalonné de nichoirs, invite à la balade au milieu de vénérables bouleaux. Certains (ceux qui font 3 m de circonférence) ont près de trois siècles...

Les meilleures plages

À Copenhague, on n'est jamais bien loin d'une plage non plus. Celle de Klampenborg (à 20 min de la Gare centrale par le S-tog C, voir p. 38) est un court mais charmant ruban de sable où vient bronzer chaque été la jeunesse dorée de la Riviera. La modeste plagette de Dragør (à 45 min de Nørreport par le bus 350S – voir p. 39), idéale pour les enfants, a conservé son vieil établissement de bain (Dragør søbad ; ouv. en été t. l. j. 8h-18h ; 20 Kr). Mais la plus longue plage de la capitale se situe à 10 min de métro de Kongens Nytorv, sur l'île d'Amager : la côte est se double en effet d'une île artificielle (Amager strandpark, www.amager-strand.dk ; accès libre) composée de deux univers bien distincts : la partie sud, aménagée en parc depuis 2006 (M° Femøren puis 5 min à pied), se veut urbaine, agitée et sportive. On y pratique l'art du kayak, du beachvolley, du grill ou du verre-de-vin-tapas à la terrasse du café flottant Allehånde Café (Havkajakvej 16 ; HP par F5 ; ☎ 53 60 30 38 ; www.allehaandecafe.dk ; lun.-jeu. 11h-19h, ven. 11h-21h, sam. 10h30-21h, dim. 10h30-19h).

Pour une sieste relaxante ou une baignade au calme, visez plutôt les dunes de la zone nord (M° Amager Strand puis 5 min à pied) ! L'accès aux bains Helgoland est gratuit (juil.-août : t. l. j. 10h-18h).

La réserve de Kalvebod Fælled

Envie d'espace et de prairies ? Direction : **l'île d'Amager** (prononcez « amar »). Vous la connaissez déjà un peu : c'est sur cette île que s'est posé votre avion (voir aussi « Les meilleures plages » ci-dessus). Mais si vous poussez jusqu'au terminus de la ligne de métro M1, vous verrez qu'Amager ne se résume pas à son aéroport. Il y a là, tout près du M° Vestamager, une réserve naturelle de 2 000 ha, où l'on peut :

1°) se dégourdir les jambes sur 3,5 km (circuit rouge), 6 km (bleu) ou 8,8 km (vert) ;

2°) louer un vélo pour 30 Kr/jour (Friluftshus ; Granatvej 1-13 ; lun.-ven. 9h-15h, sam.-dim. 10h-16h ou 17h) ;

3°) observer les *rørspurv* (bruants des roseaux), *gravand* (tadornes de Belon) et autres oiseaux depuis un mirador *(udsigtstårn)*. Profitez-en : aucune autre capitale d'Europe ne jouit d'une telle réserve à moins de 12 min de son centre !

Lumières sur le royaume

Si vous êtes à Copenhague le 31 décembre à 18h, ne ratez pas l'allocution de la reine à la télé. Elle se termine invariablement par les mots *Gud bevare Danmark,* « Que Dieu protège le Danemark ! » Ce petit royaume qui s'étendait autrefois de la Norvège au sud de la Suède (Scanie) et comprenait les Féroé, l'Islande, le Groenland, le duché de Schleswig et même quelques colonies dans les Caraïbes est… la plus vieille monarchie d'Europe !

Un roi bâtisseur

Aux yeux des Copenhagois, le plus célèbre de leurs rois (même s'il a échoué dans la plupart de ses entreprises extérieures !) est **Christian IV,** couronné en 1596 à l'âge de 19 ans. Jovial, proche de ses sujets (on le voyait se promener dans les rues, « bavardant avec un marchand, taquinant une servante, surveillant un maçon »), il s'est surtout distingué par ses talents de bâtisseur : c'est lui qui a doté la capitale de la Rundetårn (p. 12), de la Bourse (Børsen, p. 17), du château de Rosenborg (p. 24), créé le quartier de Nyboder (p. 23) et imposé un style Renaissance inspiré de l'architecture hollandaise. Sa devise ? *Regna firmat pietas* (RFP), « la piété fortifie le règne » ! Il était prodigue en amour – on lui prête… 23 enfants – mais nettement moins inspiré en matière de politique étrangère : battu sur mer, vaincu sur terre, il a entraîné son peuple dans une guerre contre la Suède qui a affaibli le pays et l'a privé de la Scanie.

La monarchie absolue

À la mort de Christian IV (1648), son successeur, **Frédéric III,** promulgue une loi qui déclare la monarchie héréditaire (avant lui, les rois étaient élus par un Conseil) et accorde au souverain des droits illimités. Ses seuls devoirs : vénérer Dieu selon la religion luthérienne et garantir l'intégrité du royaume. En théorie, tous ses sujets sont égaux (sauf les pauvres qui n'ont aucun statut) mais en pratique, la loi vient renforcer le caractère féodal de la société de l'époque : avec son instauration, la vieille noblesse et la bourgeoisie aisée reçoivent de grands domaines (et les paysans qui leur sont attachés), tant et si bien qu'à la fin du XVIIIe s., 80 % des terres du pays appartiennent

à une centaine de familles, propriétaires de 770 châteaux et manoirs, souvent charmants au demeurant, comme celui que possédait près d'Odense la comtesse Birgitte de Rantzau (en partie reconstitué au Nationalmuseum, salle 212 – voir p. 15).

La monarchie constitutionnelle

En 1849, l'absolutisme est enfin aboli par **Frédéric VII,** dernier roi issu de la lignée des Oldenbourg. S'impose alors (sous son successeur **Christian IX,** issu de la lignée royale des Glücksbourg) un autre type de monarchie fondée sur le principe de la séparation des pouvoirs.

Le souverain ne peut ni nommer ni limoger le gouvernement : il n'est que le représentant neutre du peuple. Le Danemark devient alors l'une des démocraties parlementaires les plus modernes d'Europe : les femmes y ont le droit de vote dès 1915.

Le « rayon de soleil »

L'actuelle reine, **Margrethe II,** née en 1940, jouit d'une grande popularité : beaucoup la surnomment Daisy et voient en elle un « rayon de soleil ». Fille de **Frédéric IX** (1899-1972) et d'Ingrid (1910-2000), elle a épousé en 1967 un comte français, **Henri de Montpezat.** Le couple royal, qui a deux fils – **le prince héritier** *(kronprins)* **Frederik,** né en 1968, et **Joachim,** né en 1969 – vit à Amalienborg (p. 22 et 47) et passe une partie de l'été dans le Lot, au château de Caïx. La reine est la seule personne, au Danemark, qu'il faut vouvoyer. Une vidéo, projetée à Amalienborg, vous apprendra *at neje og bukke* – à vous incliner ou faire la révérence, si d'aventure vous la croisez. On l'acclame le jour de son anniversaire (voir p. 4). On se lève pour lui souhaiter la bienvenue lorsqu'elle entre au Théâtre ou à l'Opéra. Mais en dehors de ces règles, le protocole est léger : Frederik a mis son fils Christian à l'école publique ; sa femme Mary fait ses courses en ville...

Un château sur trois îlots

À 35 km N-O de Copenhague se trouve un autre château construit (1620) par Christian IV : Frederiksborg. Ce beau « Lego » de briques rouges, que l'on dirait surgi des eaux, a été la proie des flammes en 1859 mais habilement restauré grâce au mécénat de Carlsberg. Vous y verrez une salle de la Rose toute tapissée de stucs et de cuir repoussé ainsi qu'une longue suite de galeries où tous les souverains du Danemark ont leur portrait !

Frederiksborg Slot
S-tog E jusqu'à Hillerød puis bus 301 ou 302
(voir plan des environs)
☎ 48 26 04 39 – www.frederiksborgslot.dk
Avril-oct. : t. l. j. 10h-17h ; nov.-mars : t. l. j. 11h-15h
Entrée plein tarif : 75 Kr.

Lettres danoises

Les Danois lisent beaucoup : selon les statistiques, ils emprunteraient, chaque année, près de 120 millions de livres à la bibliothèque. Si les auteurs contemporains ont la cote, les écrivains les plus connus, à l'étranger, restent Andersen (son œuvre est autant traduite que la Bible !) et Blixen, qui a frôlé le prix Nobel. Zoom sur une littérature foisonnante qui réserve de belles surprises…

Andersen, le conteur

Pour accéder au devant de la scène littéraire, il fallait, autrefois, être pasteur, fonctionnaire ou aristocrate. Hans Christian Andersen (1805-1875), né dans le faubourg le plus pauvre d'Odense, fils d'un cordonnier et d'une lavandière quasi analphabète, est le premier prolétaire dans l'histoire des lettres danoises. Les débuts sont difficiles : ses poèmes n'ont aucun écho, la critique éreinte ses romans, le théâtre refuse ses drames. Finalement, c'est son talent de conteur qui lui apporte la gloire : *La Princesse au petit pois* (1835), *La Petite Sirène* (1839) et *Le Vilain Petit Canard* (1843) rencontrent un succès fou, qui ne manque pas de l'agacer, lui qui rêve de triompher dans des genres moins mineurs. Trente-sept ans durant, il composera donc plus de 150 *eventyr* (« contes »), réalistes ou

féeriques mais toujours très humains. Paradoxalement, le public, aujourd'hui, associe son nom à l'idylle familiale, la joie de vivre, le petit cottage à la campagne… alors qu'il a toujours vécu seul et mélancolique dans des meublés de Nyhavn ! (voir p. 21)

Kierkegaard, le penseur

De la mi-mai à la mi-sept., des tours guidés sont organisés en anglais, au départ de l'office de tourisme (www.copenhagenwalks.com ; ☎ 60 43 48 26 ; lun.-sam. 10h30 ; 100 Kr) sur les pas d'Andersen mais aussi d'un autre mélancolique, le philosophe Søren Kierkegaard (1813-1855), génie lucide et torturé, dont on a fêté en 2013 le 200e anniversaire. L'auteur du *Journal du séducteur* et du *Concept de l'angoisse*, que l'on salue comme le père de l'existentialisme, est né à l'angle de Strøget et de Nytorv – l'actuelle Danske Bank – et mort au 70 de la Bredgade

Cinq autres livres à (re)lire :

- *Cochon d'Allemand,* de Knud Romer
- *L'Art de pleurer en chœur,* d'Erling Jepsen
- *La Chute du roi,* de Johannes V. Jensen
- *Pelle le conquérant,* de Martin Andersen Nexø
- *Minuit à Copenhague,* de Dan Turèll.

(l'actuel Design Museum – p. 22). Ses manuscrits sont exposés à la KB (p. 17) et ses souvenirs personnels au musée de la Ville (p. 30) mais comme il affinait ses théories en marchant, son fantôme est partout. Surtout dans le « Quartier latin » (p. 12)...

Blixen, l'Africaine

Celui de Karen Blixen (1885-1962) ne hante pas les rues de la capitale mais le manoir de Rungsted (voir Karen Blixen Museet p. 39). Issue d'une famille d'aristocrates, Karen y a connu, jeune, tout le poids des traditions ancestrales ; et comme elle rêvait d'aventure, elle est partie très vite et très loin de l'*hyggelig* cocon danois pour rejoindre son fiancé – le baron Blixen – au Kenya et s'établir dans une plantation de café. Après son divorce (1921), elle a continué seule à assurer, entre sécheresses et pluies torrentielles, la marche de l'entreprise qui périclitait. Lorsqu'elle rentre à Rungsted en 1931, elle a tout perdu : mari,

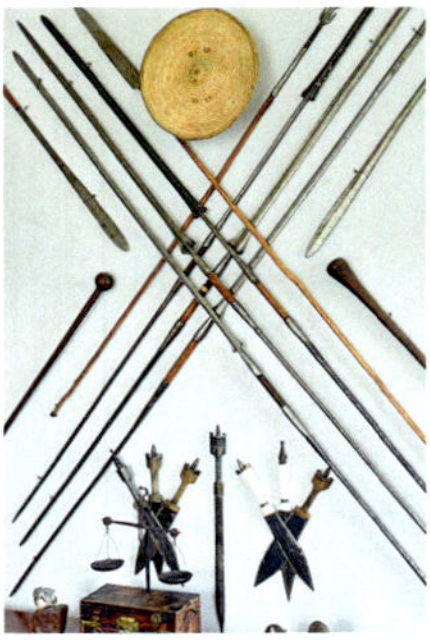

amant, santé, fortune et... l'Afrique qu'elle aimait tant. Elle écrit alors des contes *(Sept contes gothiques)* qui reçoivent un accueil enthousiaste. Mais c'est l'émouvant témoignage sur ses années passées au Kenya qui va assurer son renom : *Den afrikanske farm* (« La Ferme africaine ») paru aux États-Unis sous le titre *Out of Africa* et porté à l'écran par Sydney Pollack en 1985, avec le succès que l'on sait. Sa santé décline de plus en plus et lorsque *Le Festin de Babette* – l'une de ses plus admirables nouvelles (voir aussi p. 122) – paraît à Paris, Karen n'est plus que l'ombre d'elle-même.

Du côté des modernes

Deux écrivains de qualité ont émergé, ces vingt dernières années, des brumes du Nord : **Jørn Riel** et **Peter Høeg.** Riel, qui a longtemps vécu parmi les Inuits, fait un tabac – en français aussi – avec ses « racontars arctiques », inspirés des récits des chasseurs groenlandais. Høeg, lui, est l'auteur de *Smilla et l'amour de la neige* : élu « roman de l'année » en 1993 et adapté au cinéma par Bille August. Ce polar philosophique a pour toile de fond un Copenhague aux décors fascinants où gravitent des personnages... hauts en couleur.

Den Franske Bogcafé

Rien de tel que cette petite librairie française pour faire provision de romans danois en v.f. ! Nous, on a craqué pour *Cochon d'Allemand* de Knud Romer mais ils ont aussi *La Ferme africaine* de Karen Blixen, *Smilla et l'amour de la neige* de Peter Høeg, sans oublier les « racontars arctiques » de Jørn Riel, le tout au format poche. On peut même y grignoter une quiche lorraine !

Fiolstræde 16 (H7)
☎ 33 16 39 72
www.denfranskebogcafe.dk
Lun.-ven. 10h-18h, sam. 10h-16h.

Un nouveau cadre de vie

Depuis une dizaine d'années, la capitale danoise s'offre une spectaculaire métamorphose : d'anciennes zones portuaires, désertées par l'industrie, sont peu à peu remodelées, des quartiers tout neufs émergent çà et là... Et ce n'est pas fini : on annonce la création, dans les eaux de Christianshavn, d'une île sertie d'un lagon chaud ! Le point sur les dernières réalisations, les nouvelles stars de l'architecture et les grandes lignes du Copenhague de demain.

Quatre talents

Copenhague n'est jamais restée en marge des avant-gardes : dans les années 1930, **Arne Jacobsen** faisait de Klampenborg une élégante station fonctionnaliste (voir p. 38) et dans les années 1980, **Jørn Utzon** – l'auteur du célèbre Opéra de Sydney – livrait pour Nordhavn les plans d'un showroom de style moderniste : Paustians Hus (Kalkbrænderiløbskaj 2 ; HP par F1 ; S-tog Nordhavn ; lun.-ven. 10h-18h, sam. 10h-15h). On trouve même, sur la plage d'Ishøj, un bâtiment « déconstructiviste » : le musée Arken (voir accès p. 99) dessiné, à l'âge de vingt-cinq ans, par **Søren Lund.** Aujourd'hui, quatre architectes marquent la ville de leur empreinte. **Henning Larsen,** qui est à la tête du plus grand cabinet du pays, a signé le DDC (p. 11), l'Opéra (p. 118), l'extension de la Glyptotek (p. 11) et le terminal 3 de l'aéroport. **Lundgaard & Tranberg** ont conçu la banque SEB, les immeubles de Havneholmen (S-tog Dybbølsbro, C4) ainsi que le Skuespilhuset (p. 118), ce théâtre en verre qui semble léviter au-dessus du quai et scintille, la nuit, dans les eaux du port intérieur. Le plus novateur reste **Bjarke Ingels** (né en 1974), qui travaille, entre autres, à Ørestad.

Ørestad, ville nouvelle

Difficile d'imaginer que l'ouest d'Amager, il y a dix ans à peine, n'était qu'une friche déserte, balayée par le vent. Le vaste projet d'urbanisation de l'île, lancé en 1992, se révèle plus onéreux que prévu mais il porte peu à peu ses fruits : 7 000 personnes y résident à temps plein et l'on estime qu'à terme, 80 000 Copenhagois viendront y travailler. Plus de soixante immeubles y ont déjà vu le jour : bureaux, penthouses, écoles, espaces culturels tel le Koncert Hus, imaginé par Jean Nouvel (voir p. 118 ; visite possible *via* www.dr.dk/koncerthuset)... Les plus originaux ? Tietgenkollegiet (Rued Langgaards vej 10-18, E5, M° Islands Brygge) : la forme circulaire de ce foyer pour étudiants, construit par Lundgaard & Tranberg, s'inspire des résidences communautaires de la minorité hakka en Chine du Sud. L'hôtel Bella Sky (Center Boulevard 5, HP par E5, M° Bella Center), concocté par l'agence 3XN (à qui l'on doit aussi l'aquarium Den Blå Planet, www.denblaaplanet.dk, HP par F5, M° Kastrup), se compose de deux immeubles qui penchent plus que la tour de Pise mais sont raccordés l'un à l'autre par une passerelle à hauteur du 23e étage. Les appartements VM-Husene (Ørestads Boulevard 57-59, HP par E5, M° Bella Center) qui forment, vus du ciel, les lettres *V* et *M,* se distinguent par la disposition de leurs balcons triangulaires et leur faible coût de construction (moins de 1 000 € au m²). Ils sont l'œuvre du dynamique Bjarke Ingels, tout comme l'immeuble Bjerget façon « montagne » (Ørestads Boulevard 55, HP par E5, M° Bella Center) et le 8-tallet en « 8 » (p. 77), au terminus de la ligne M1.

Balades archi

L'été, le Dansk Arkitektur Center (p. 18) organise régulièrement des balades à la découverte des nouveaux chantiers. Le tour est commenté en anglais (Sunday morning walk ; www.dac.dk ; 11h-12h30 ; 75 Kr, à régler au DAC, en ligne ou par carte au point de ralliement).
Les cyclistes pourront se procurer le plan (gratuit) du DAC intitulé *bicycle routes* sur lequel figurent les réalisations de ces dernières années. Ils trouveront aussi sur www.dac.dk/life et sur www.archguide.dk des *podrides* qu'ils pourront télécharger sur leur iPhone ou leur MP3.

Århusgade, en vert et bleu

Mais il y a encore plus ambitieux ! Au Nordhavn (voir p. 48), les urbanistes envisagent de transformer d'ici 2065 la zone portuaire en « ville durable du futur » de 40 000 habitants. La première tranche, mûrement réfléchie par les cabinets Cobe, Sleth et Polyform, porte le nom d'Århusgadekvarteret et doit être livrée pour 2025. Ce quartier, qui intégrera le bâti ancien (silos, entrepôts...) et sera doté de canaux, se veut éco-responsable, « zéro carbone » et ouvert sur la mer. En attendant, on peut se faire une idée du projet en cliquant sur www.byoghavn.dk et http://vimeo.com/52540846

Restaurants
mode d'emploi

Quand manger ?

Au Danemark, on déjeune et dîne plus tôt qu'en France : entre 11h30 et 13h30 pour le *frokost,* entre 18h30 et 20h30 pour *l'aftensmad.* Rares sont les restaurants qui servent après 21h30. Il faut donc penser à dîner avant d'aller au spectacle ! En revanche, il vous sera possible de bruncher presque partout entre 10h et 15h30 (voire 16h).

Combien ça coûte ?

Déjeuner sur le pouce dans un café ou un self revient à 150 Kr (20 €) env. : le prix d'un sandwich correct varie entre 75 et 125 Kr ; celui d'un très bon *smørrebrød* tourne autour de 50 Kr. **Le soir,** les restaurants ne proposent, bien souvent, que des menus 3 plats, facturés entre 300 et 360 Kr/pers. (40 et 48 €), boissons non comprises. Pour vous en sortir à moindres frais, visez les *saladbars* ou les formules buffet (Riz Raz p. 15, Sult p. 73…). **Le pourboire,** lui, n'a rien d'obligatoire : on ne laisse 10 % de la note que si l'on est vraiment satisfait du service. Attention : certains restaurateurs prélèvent **une commission** sur les paiements effectués par carte de crédit étrangère (ces « frais additionnels » sont mentionnés sur le menu par les phrases *på udenlandske kreditkort pålægges et gebyr på 3,75 %* ou *Foreign creditcards will be added a fee of 3,75 %*).

Dîner chez l'habitant

La formule est bien rodée : moyennant 395 Kr (s'inscrire 3 j. à l'avance sur www.meetthedanes.dk), vous pouvez partager le repas d'une famille de Copenhagois ! **Mette Martinussen** reçoit elle aussi des hôtes payants dans son appart' situé derrière le Théâtre royal mais comme elle est chef, le dîner est plus virtuose. Et plus onéreux : 1 350 Kr/pers. (1 th ; Herluf Trolles Gade 9 ; I7 ; Bus 11A, 66 ou M° Kongens Nytorv ; ☎ 33 93 57 70 ; www.1th.dk, sur résa trois semaines à l'avance).

SE REPÉRER

Nous avons indiqué pour chaque adresse de Restaurant sa localisation sur le plan général (B2, G8…). Pour un repérage plus facile en préparant votre week-end ou lors de vos balades, nous avons signalé sur le plan par un symbole jaune toutes les adresses de ce chapitre. Le numéro en jaune signale la page où elles sont décrites.

Notre Top des brunchs

Inutile d'attendre le dimanche pour démarrer votre journée en douceur : le brunch, à Copenhague, se pratique aussi en semaine ! Et il y en a pour tous les goûts : jardin d'hiver feutré, bow-window face au port… Petite sélection des adresses les plus séduisantes :

- **Café Glyptoteket**
  Rådhuspladsen – *Voir p. 67.*
- **Julian**
  Nationalmuseet – *Voir p. 69.*
- **DAC& Café**
  Christianshavn – *Voir p. 70.*
- **Caféen**
  Rosenborg – *Voir p. 25.*
- **Sult**
  Rosenborg – *Voir p. 73.*
- **Granola**
  Vesterbro – *Voir p. 31.*

Notre Top dans la catégorie « *smørrebrød* »

Expérience danoise par excellence, le *smørrebrød* (voir p. 79) a aussi ses chefs ! Certains en font de vraies œuvres d'art, d'autres en inventent d'exotiques : tartare d'anguille et saumon chaud au gingembre et wakame… Voici nos favoris :

- **Restaurant M**
  Frederiksstaden – *Voir p. 72.*
- **Ida Davidsen**
  Frederiksstaden – *Voir p. 72.*
- **Aamanns**
  Rosenborg – *Voir p. 73.*
- **Meyers Deli**
  Frederiksberg – *Voir p. 29.*

Notre Top des meilleures tables

Avec 13 restaurants étoilés, Copenhague est la capitale gourmande de la Scandinavie. Vous pourrez y tester le nec plus ultra de la *nye nordiske køkken* (voir p. 79) à base d'ingrédients du terroir. Une nouvelle cuisine si subtile qu'on en perdrait presque le Nord ! Nos préférés :

- **Søren K**
  Slotsholmen – *Voir p. 70.*
- **Orangeriet**
  Rosenborg – *Voir p. 72.*
- **Famo**
  Vesterbro – *Voir p. 74.*
- **Noma**
  Christianshavn – *Voir p. 79.*
- **Relæ**
  Nørrebro – *Voir p. 79.*

Où manger le dimanche soir ?

- **Oscar**
  Rådhuspladsen – *Voir p. 66.*
- **Café Sommersko**
  Strøget/Nørreport – *Voir p. 68.*
- **Geist**
  Kongens Nytorv – *Voir p. 72.*
- **Bang & Jensen**
  Vesterbro – *Voir p. 75.*
- **Les trois cochons**
  Vesterbro – *Voir p. 75.*
- **The Laundromat Cafe**
  Nørrebro – *Voir p. 76.*

Nos restaurants par quartiers

1 - Nimb Brasserie
2 - La Glace
3 - Café Glyptoteket
4 - Perch's

Rådhuspladsen

Visite 1 – p. 10

Oscar

Rådhuspladsen 77 (G7)
Bus 11A, 14 ou S-tog Vesterport
☎ 33 12 09 99
www.oscarbarcafe.dk
Dim.-jeu. 11h-23h,
ven.-sam. 11h-2h
Salade : 89 ou 99 Kr.

Aux beaux jours, c'est l'une des terrasses les plus agréables et les plus *hetero friendly* du quartier et cela se sait, surtout parmi les employés de la mairie voisine. Il faut dire que la carte est variée (omelettes, salades...), raisonnable (110 Kr le brunch servi t. l. j. 11h-16h) et la vue sur le Vartov, charmante. On vous conseille le flétan fumé du Groenland *(røget hellefisk)* aux pommes et petits oignons (99 Kr). À commander directement au comptoir.

Andersen Bakery

Bernstorffsgade 5 (G8)
Bus 2A, 5A, 9A, 10, 26, 40, 66 ou S-tog København H
☎ 33 75 07 35
www.andersenbakery.com
Lun.-ven. 6h30-19h,
sam.-dim. 7h30-19h
Thé et gâteau : de 30 à 34 Kr.

En 1962, après avoir séjourné trois ans à Copenhague, Shunsuke Takaki avait fondé au Japon une pâtisserie... danoise. Ses enfants ont fait le chemin inverse : ils ont ouvert, juste en face de la Gare centrale, un café-pâtisserie avec des banquettes à haut dossier, quelques orchidées (japonisantes ?), un subtil gâteau au sureau et un bon thé vert pamplemousse-gingembre-cannelle.

Nimb Brasserie

Bernstorffsgade 5 (G8)
Bus 2A, 5A, 9A, 10, 26, 40, 66 ou S-tog København H
☎ 88 70 00 10
www.nimb.dk
T. l. j. 12h-15h30 et 17h-22h
Entrée : de 75 à 115 Kr
Plat : de 165 à 195 Kr.

L'hôtel Nimb a plusieurs cordes à son arc : un bar, un grill, un restaurant hors de prix et une brasserie, plus accessible, qui sert du saumon mariné au fenouil (75 Kr) et du caneton aux endives (175 Kr) dans un cadre cosy où Louise Nimb, cuisinière hors pair, régalait déjà le Tout-Copenhague à la fin du XIXe s. Résa conseillée pour le soir des vendredi et samedi. Accès possible depuis Tivoli.

Café Glyptoteket

Dantes Plads 7 (H8)
Bus 1A, 2A, 11A, 14, 26, 40 ou S-tog København H
☎ 33 41 81 28
www.glyptoteket.dk
Mar.-dim. 11h-16h45
Déjeuner : de 95 à 200 Kr.

Pour déjeuner d'un *smørrebrød* bio à l'ombre d'un palmier, une seule adresse : le café de la Ny Carlsberg Glyptotek ! Il n'est pas nécessaire d'avoir le ticket du musée pour y accéder et le cadre est ravissant : un jardin d'hiver où Stéphanie Michaud et Peter Stub servent aussi des pâtisseries de Mette Blomsterberg (voir p. 101) et concoctent un brunch très convoité le dimanche !

Voir aussi ***Lagkagehuset*** *(p. 11).*

Entre Strøget et Nørreport
Visite 2 – p. 12

DØP

Købmagergade 52 (H7)
Bus 11A ou 14, M° ou S-tog Nørreport
☎ 30 20 40 25
www.døp.dk
Lun.-ven. 11h30-18h, sam. 11h-17h
Hot-dog : 34 Kr.

Selon un rapport de l'Institut danois de l'alimentation, la teneur en graisse et en sel des hot-dogs traditionnels serait vertigineuse. Une alternative ? DØP ! Pour prouver qu'un fast-food peut être à la fois sain et bon, il a ouvert au pied de la Rundetårn un kiosque à saucisses où tout est 100 % bio : saucisses, moutarde, oignons… Même la serviette est respectueuse de l'environnement !

Jensens Bøfhus

Gråbrødretorv 15 (H7)
Bus 11A ou 14
☎ 33 32 78 00
www.jensens.com
Lun.-jeu. 11h-22h30, ven.-sam. 11h-23h30, dim. 12h-22h30
Plat principal : de 79 à 125 Kr.

Jensens Bøfhus est une chaîne de restauration qui a le mérite d'afficher, à l'heure du déjeuner, un bon rapport qualité/prix : pour 79 Kr, vous pourrez commander, dans une salle tout en briques et pans de bois, un *fitness kylling* – 125 g de poulet aux légumes grillés, assorti d'une salade à composer soi-même au buffet (très varié : radis, pastèque, raisins…). Tarifs plus élevés le soir.

La Glace

Skoubogade 3-5 (H7)
Bus 11A ou 14
☎ 33 14 46 46
www.laglace.dk
Lun.-ven. 8h30-18h, sam. 9h-18h
D'oct. à mars, ouv. aussi le dim. 10h-18h
Pâtisserie : 52 Kr.

Fondée en 1870 par un dénommé Nicolaus Henningsen, La Glace est aujourd'hui la plus ancienne pâtisserie de Copenhague. Et hormis le (très discret) distributeur de tickets numérotés à l'entrée, tout est d'époque ! On s'y bouscule l'après-midi pour picorer un *Karen Blixen* aux truffes de moka et noisettes, ou un *H. C. Andersen* au citron, coulis de framboise, anis étoilé et chocolat blanc.

Perch's

Kronprinsensgade 5 (H7)
Bus 11A ou M° Kongens Nytorv
☎ 33 15 35 77
www.perchstearoom.dk
Lun.-ven. 11h30-17h30, sam. 11h-17h
Thé : de 65 à 85 Kr.

Juste au-dessus de A. C. Perch's Thehandel qui fournit les Copenhagois en darjeeling et en earl grey depuis 1835, la famille Hincheldey a ouvert (2006) un salon de thé tout blanc, agrémenté de jolis lustres et de paravents noirs : un cadre agréable où le thé (il en existe ici 150 variétés !) se sirote dans une tasse en porcelaine Royal Copenhagen, seul ou accompagné de scones bien chauds à la crème de citron (110 Kr) ou de sandwichs (135 Kr).

42e Raw

Pilestræde 32 (H7)
Bus 11A ou M° Kongens Nytorv
☎ 32 12 32 10
www.42raw.dk
Lun.-ven. 10h-20h, sam. 10h-18h, dim. 11h-17h
Salade : de 60 à 100 Kr.

Le 42e Raw privilégie les vrais légumes de saison, bannit sucre et colorants et ne cuit aucun aliment à plus de 42° C. Résultat : c'est le végétarien le plus sérieux de la vieille ville ! Et le plus épuré : on s'assied sur de simples gradins de bois, face au comptoir où sont préparés, en direct, risotto, nouilles thaï... Comptez 98 Kr pour des lasagnes tomates & pesto et 48 Kr pour un Stockholm, tonique jus de fruit à base de mangue, menthe et carotte.

Café Sommersko

Kronprinsensgade 6 (H7)
Bus 11A ou M° Kongens Nytorv
☎ 33 14 81 89
www.sommersko.dk
Dim.-mer. 9h-1h, jeu. 9h-3h, ven.-sam. 9h-5h
Brunch : 129 Kr en semaine (149 Kr le w.-e.).

À la fin des années 1970, le Sommersko, fondé par les frères Jørgen et Søren Bro, était un bistrot très populaire, d'inspiration française, et un pilier de la vie culturelle. Il n'est plus aussi trendy ces jours-ci mais il a conservé sa courette et ses adeptes qui s'y retrouvent souvent en début de soirée pour lever le coude autour d'une assiette de charcuterie, tapenade d'olive & artichauts marinés (135 Kr). Le must ? Le brunch du week-end (9h-16h) !

Voir aussi ***Paludan Bogcafe*** *(p. 13).*

100 % økologisk !

Vous avez déjà testé 42e Raw (voir ci-dessus) ?
Voici, à l'intention des végétariens et des accros du bio, deux autres valeurs sûres :

• BioM : Le tout premier restaurant de Copenhague à avoir été certifié 100 % bio ! Très sympa. Soupe ou risotto : 95 Kr. Brunch du dim. 10h-14h : 169 Kr.

Fredericiagade 78 – I6 – Bus 1A
☎ 33 32 24 66 – www.biom.dk
Mar.-sam. 11h30-22h.

• BioMio : Cantine conviviale de 250 couverts dans le... quartier des abattoirs. Même le mobilier est respectueux de l'environnement.

Halmtorvet 19 – C5 – Bus 10 ou 14, S-tog Dybbølsbro
☎ 33 31 20 00 – www.biomio.dk
T. l. j. 12h-21h, jusqu'à 22h les ven.-sam.

Entre Strøget et Nationalmuseet
Visite 3 – p. 14

Café Norden

Østergade 61 (H7)
Bus 11A ou M° Kongens Nytorv
☎ 33 11 77 91
www.cafenorden.dk
T. l. j. 9h-minuit (cuisine : 21h)
Sandwich : de 125 à 145 Kr ; plat chaud : 155 Kr.

Stratégiquement situé sur l'Amagertorv, le plus grand café de la ville force un peu sur les prix mais offre, depuis le 1er étage (plus calme que le rez-de-chaussée), une belle vue sur la fontaine des Cigognes. Il propose un brunch spécial enfants (jusqu'à 13h ; 14h le w.-e.), avec crêpes et smoothie à la fraise pour 80 Kr. Autres atouts : le pain vient tout droit de la boulangerie d'Illum (p. 13) et les jus de fruit de Søbogaard sont servis frais ou... chauds.

Domhusets Smørrebrød

Kattesundet 18 (H7)
Bus 11A ou 14
☎ 33 15 98 98
Lun.-ven. 8h-15h
***Smørrebrød* : entre 20 et 45 Kr.**

Une petite faim ? Derrière le palais de justice (Domhus)

1 - Reinwald's
2 - 42e Raw
3 - Café Norden
4 - Café Sommersko

se cache une **boutique spécialisée dans les *smørrebrød*** (voir p. 79). Ce ne sont pas les plus renversants de Copenhague mais ils affichent des prix corrects. Comme il n'y a qu'une seule table, le jeu consiste à les tester ailleurs. Au bar qui fait l'angle (Central Hjørnet), par exemple, où l'on vous donnera, avec le sourire, assiette et couverts !

Kafe Kys

Læderstræde 7 (H7)
Bus 1A, 2A, 11A, 26, 40, 66 ou M° Kongens Nytorv
☎ 33 93 85 94
www.kafekys.dk
Cuisine : t. l. j. 10h-20h
Sandwich : de 72 à 98 Kr.

De prime abord, le Hoppes au n° 11 de la même rue, avec sa salle en balcon et sa cour intérieure, paraît plus animé que le Kys. Mais dans l'assiette, il n'y a pas photo : le cuistot du Kys s'en sort mieux ! Dans la **salade** de poulet-avocat-basilic, les tomates cerises ont le goût des tomates cerises (95 Kr). Et le **petit déjeuner** (servi de 10h à 12h ; 14h le dim.) est si copieux que l'on peut en commander un pour deux : jambon de parme, fruits frais, crêpe… (98 Kr).

Reinwald's

Farvergade 15 (H7)
Bus 11A ou 14
☎ 33 91 82 80
www.reinwalds.dk
Lun.-sam. 14h-minuit
Plat principal : de 145 à 225 Kr.

Pour **un dîner tranquille en tête-à-tête dans le quartier,** il y a deux bonnes tables au service soigné : le Krogs (Gammel Strand 38, H7, http://krogs.dk) à 750 Kr le menu et le Reinwald's, moins onéreux, qui propose pour 145 Kr une lotte vapeur oignons, citron & thym et, pour 195 Kr, un confit de canard au sésame. C'est ultra-classique mais il arrive que le cuisinier, facétieux, glisse sous la glace du dessert des paillettes de *puf sukker*. On ne vous en dit pas plus…

Julian

Ny Vestergade 10 (H8)
Bus 1A, 2A, 11A, 14, 26, 40 ou 66
☎ 33 93 07 60
www.restaurantjulian.com
Cuisine : mar.-ven. 11h30-15h, sam.-dim. 10h-15h30
Brunch : 195 Kr.

Et pourquoi ne pas déjeuner au 1er étage du Musée national (voir p. 15) ? Le cadre est plaisant et **la carte de Julian mise sur les petits producteurs locaux.** Le jus de pomme vient des vergers de Løgismose ; le hareng aneth & cresson (85 Kr), de l'île de Christiansø. Le week-end,

1 - Maven
2 - Kanalen
3 - Amokka
4 - DAC& Café

brunch éco-responsable en 3 services (10h, 12h et 14h).

Voir aussi ***Riz Raz*** *(p. 15).*

Slotsholmen
Visite 4 – p. 16

Søren K

Søren Kierkegaards Plads 1 (H8)
Bus 9A ou Havnebus 991/992
☎ 33 47 49 49
www.soerenk.dk
Lun.-sam. 12h-16h et 17h30-22h
Menu : 195 Kr (le midi), 340 Kr (le soir).

Jens Søndergaard, qui travaillait autrefois au Custom House (voir p. 21), officie désormais au rez-de-chaussée du spectaculaire Diamant noir : une brasserie scandinave minimaliste, à l'enseigne du philosophe danois Kierkegaard. L'endroit idéal pour déguster face au canal un saumon aux airelles sur pain noir (105 Kr) et une panna cotta réglisse, framboises & chocolat blanc (90 Kr).

Voir aussi ***Øieblikket*** *(p. 17).*

Christianshavn
Visite 5 – p. 18

DAC& Café

Strandgade 27B (I7)
Bus 2A, 9A, 40 ou Havnebus 991/992
☎ 32 64 54 66
www.dac.dk
T. l. j. 11h-16h (jusqu'à 20h le mer.)
Brunch : 175 Kr (enfants : 89 Kr).

Vous voyez l'excroissance vitrée au pignon du Dansk Arkitektur Center ? C'est le bow-window *(glaskarnap)* du café. Un belvédère très convoité, où l'on peut prendre un petit noir, une salade César (115 Kr) ou s'installer – sur réservation préalable – pour un brunch complet le week-end (à 10h, 12h ou 14h) et t. l. j. pendant les vacances.

Ravelinen

Torvegade 79 (E4)
Bus 2A, 9A, 40 ou M° Christianshavn
☎ 32 96 20 45
www.ravelinen.dk
T. l. j. 11h30-21h
Menu du soir (trois plats) : 300 Kr.

Ce restaurant-salon de thé (dont le nom, emprunté au français, désignait autrefois un ouvrage de fortification en demi-lune) vaut surtout pour sa vue très romantique sur les anciennes douves qui séparent Amager de Christianshavn. Une suggestion ? Partagez-vous une assiette froide *(koldt bord)* à 235 Kr. Elle associe hareng câpres & curry, saumon, salade de poulet, fromages…

Kanalen

Wilders Plads 2 (I8)
Bus 2A, 9A, 40 ou
M° Christianshavn
☎ 32 95 13 30
www.restaurant-kanalen.dk
Lun.-sam. 11h30-15h et 17h30-22h
Menu du midi : 255 Kr ;
dîner (3 plats) : 360 Kr.

Au bord du Wilders Kanal, un agréable restaurant, très couru mais onéreux. La solution ? Déjeunez-y hors saison et renoncez aux vins. La carte comporte plusieurs plats à moins de 150 Kr, comme les *frikadeller* de poisson au curry ou l'assiette aux trois harengs *(sildetallerken)*.

Voir aussi ***Café Oven Vande*** *(p. 19) et* ***Noma*** *(p. 79).*

Kongens Nytorv
Visite 6 – p. 20

Amokka

Grønnegade 4 (H7)
Bus 11A ou M° Kongens Nytorv
☎ 33 93 52 52
www.amokka.dk
Lun.-jeu. 9h-17h30, ven. 9h-18h,
sam. 10h-16h
Café ou thé : 25 Kr.

Voici un tout petit café, très propre et super souriant, qui fleure bon le moulu turc et le grain bien torréfié. Ils ont du café éthiopien et péruvien, des jus de fruits (pomme, sureau) ainsi qu'un petit assortiment de thés : *kvæde med blomst* (coing), *pebermynte og lakridsrod* (menthe poivrée et racine de réglisse)... À emporter ou à boire sur place.

Det go'e Smørrebrød

Holbergsgade 12 (I7)
Bus 11A, 66 ou M° Kongens Nytorv
☎ 33 13 48 23
Lun.-ven. 9h30-15h30.

À l'angle de la Peder Skrams Gade, Anne-Mette prépare tous les matins des *smørrebrød* traditionnels et basiques – œuf-crevettes, hareng mariné, carrelet rémoulade, rôti de porc... – qui ne vous ruineront pas : 13 Kr pièce. Et comme il est dit sur l'auvent, ils sont plutôt bons *(go'e)* !

Magasin du Nord

Kongens Nytorv 13 (I7)
Bus 1A, 11A, 26 ou
M° Kongens Nytorv
☎ 33 11 44 33
www.magasin.dk
Lun.-ven. 10h-19h30,
sam. 10h-18h30
***Saladbar* : de 60 à 90 Kr selon**
le poids.

On n'y pense pas toujours mais pour déjeuner assis à moins de 100 Kr, il y a aussi la cafétéria perchée au 5e étage du Magasin du Nord (voir p. 20) : sandwichs tout prêts (20 Kr), *smørrebrød* (40 Kr), plats chauds, expresso, thé Kusmi... Le top ? Le *saladbar,* où l'on peut composer soi-même l'assiette que l'on pèsera... à la caisse, et les tables hautes pour profiter de la vue sur les toits du quartier.

Maven

Nikolaj Plads 10 (H7)
Bus 11A ou M° Kongens Nytorv
☎ 32 20 11 00
www.restaurantmaven.dk
Lun.-jeu. 11h30-minuit,
ven.-sam. 11h30-2h
Plats : de 95 à 125 Kr le midi
(de 179 à 245 Kr le soir).

Un restaurant de charme, situé sur une photogénique place que l'on surnommait au XIXe s. « l'estomac » *(maven)* parce que les bouchers y avaient leurs étals. Selon l'humeur et le temps, on s'attable sur le parvis de l'église Nikolaj pour un verre de vin californien, ou à l'intérieur, pour un dîner plus tamisé aux chandelles. Dans les deux cas, le service est appliqué, la cuisine inventive : le filet de mulet à 175 Kr est parfait, le dessert aux prunes, pommes séchées & glace vanille un délice.

Pizza Huset

Gothersgade 21 (I6)
Bus 11A ou M° Kongens Nytorv
☎ 33 15 35 10
www.pizzahuset.dk
Dim.-mer. 10h-1h30,
jeu.-sam. 10h-6h
Pizza : de 35 Kr (26 cm) à 60 Kr
(32 cm).

Il est déjà 22h et vous n'avez toujours pas dîné ? Essayez ce take-away : il paraît que ses pizzas sont les meilleures du quartier ! En tout cas, ce sont les moins chères et si l'on en juge au nombre de couche-tard qui les dévorent sur le perron de l'immeuble voisin, l'adresse est connue !

Geist

Kongens Nytorv 8 (I7)
Bus 1A, 11A, 26 ou
M° Kongens Nytorv
☎ 33 13 37 13
www.restaurantgeist.dk
Lun.-sam. 18h-23h, dim. 18h-22h
Entrée ou dessert : 90 Kr ;
plat : de 110 à 175 Kr.

On dit de Bo Bech qu'il est le Gordon Ramsay de la télé danoise (son émission *Med kniv for struben* – « le couteau sous la gorge » – rappelle assez *Cauchemar en cuisine*) mais c'est surtout un chef bourré de talent qui a bien saisi l'air du temps. Topinambour-banane-cardamome (90 Kr) ou purée de pommes de terres, tourteau et beurre salé (135 Kr) : ses compositions sont toutes aussi originales que graphiques. Entrée par la cour.

Voir aussi ***Custom House*** *(p. 21).*

Frederiksstaden
Visite 7 – p. 22

Restaurant M

Store Kongensgade 56 (I6)
Bus 1A ou 26
☎ 33 15 85 77
www.restaurant-m.dk
Lun.-sam. 11h30-15h30
En nov.-déc. : ouv. aussi le dim.
***Smørrebrød* : de 59 à 93 Kr.**

Sa spécialité ? Le *smørrebrød*, décliné ici en 25 variantes sur pain de seigle *(rugbrød)* et pain de mie *(franskbrød)*. Anguille fumée & œuf brouillé, hareng de Christiansø ou pâté de foie au bacon et champignons : il vous suffit de cocher la case de votre choix. Vous n'arrivez pas à vous décider ? Optez pour l'assortiment à 182 Kr (« M-platte ») ! De toute façon, ils sont tous excellents !

Café Petersborg

Bredgade 76 (E3)
Bus 1A ou Havnebus 991/992
☎ 33 12 50 16
www.cafe-petersborg.dk
Lun.-sam. 11h45-15h45
et 17h-20h30
Plat : de 95 à 160 Kr
Menu du midi : 115 Kr.

Ici aussi, on sert des assortiments de *smørrebrød* (la Petersborg platte à 137 Kr) mais le cadre, vieillot à souhait, est radicalement différent : ce caveau lambrissé était autrefois le QG des marins russes qui faisaient escale à Copenhague. Et aujourd'hui encore, ça tangue autant que dans la cabine d'un chalutier, surtout lors du traditionnel déjeuner de Noël *(julebord)* arrosé à l'*akvavit*.

Ida Davidsen

Store Kongensgade 70 (I6)
Bus 1A ou 26
☎ 33 91 36 55
www.idadavidsen.dk
Lun.-ven. 10h30-16h
Fermé en juil.
***Smørrebrød* : de 65 à 175 Kr.**

Ce n'est un secret pour personne : les Davidsen sont passés maîtres dans l'art de tartiner le pain de seigle. De sorte que, pour décrocher l'un de leurs *smørrebrød*, il faut venir tôt ou réserver ! Du temps d'Oskar (1888), il existait déjà 177 variantes ! Cinq générations plus tard, la carte en compte 250, plus délicates les unes que les autres : saumon fumé & lime (95 Kr), crevettes du Groenland, œuf poché & truffes (175 Kr), foie gras, compote de pommes et lamelles de betteraves…

Salt

Toldbodgade 24-28 (I6)
Bus 11A ou 66, Havnebus 991/992
☎ 33 74 14 14
www.salt.dk
T. l. j. 12h-16h et 17h-22h
Menu : 315 Kr (2 plats)
ou 375 Kr (3 plats).

Aménagé dans un entrepôt de 1787 où l'on déchargeait, entre autres, des sacs de sel (d'où le nom…), Salt est un restaurant élégant et stylé : le décor mêle habilement poutres rustiques en pin de Poméranie et mobilier design signé Terence Conran ; la cuisine se veut mi-scandinave mi-italienne : il y a des tagliatelles au poivre noir & parmesan à 135 Kr et un plateau de fromages nordiques à 125 Kr avec noix, miel et pain de seigle …

Voir aussi ***Mormors*** *(p. 23).*

Rosenborg
Visite 8 – p. 24

Orangeriet

Kronprinsessegade 13 (H6)
Bus 11A ou 26
☎ 33 11 13 07
www.restaurant-orangeriet.dk
Lun.-sam. 11h30-15h et 18h-22h
Dim. 12h-16h (pour *smørrebrød* et pâtisseries)
Menu 3 plats : 255 Kr (midi),
355 Kr (soir).

Notre restaurant préféré au centre-ville ? L'ancienne orangerie à la lisière du Jardin du roi. Du plancher aux verres, tout y est exquis, même la desserte qui a pour poignées… des fourchettes ! Le chef, Jasper Kure,

1 - Orangeriet
2 - Geist
3 - Ida Davidsen
4 - Aamanns

enchante les papilles avec un tartare de poisson au fromage de chèvre & céleri confit et une renversante tarte au citron meringuée. Service ultra-compétent.

Sult

Vognmagergade 8B (H6)
Bus 11A
☎ 33 74 34 17
www.restaurantsult.dk
Mar.-ven. 11h30-15h30
et 16h30-21h30
Brunch : sam. et dim. 9h30-15h
Buffet : sam. 18h-21h30
et dim. 17h-20h
Salade : 129 Kr ; buffet du dim.
soir : 150 Kr.

Les cinéphiles le connaissent bien : c'est la « cantine » du Filminstitut, une salle spacieuse qui assure, le week-end, un brunch en trois services (9h30, 12h ou 13h ; 200 Kr ; sur réservation). Il y a aussi des grillades au menu (175 Kr la côtelette, 195 Kr la dorade) et de généreuses salades, comme le saumon fumé, joliment troussé sur son lit d'aneth et de petits radis. Bières de la Nørrebro bryghus (30 à 65 Kr) ; vins français au verre (50 à 75 Kr).

Aamanns

Øster Farimagsgade 10 (D2)
Bus 6A, 14 ou 40
☎ 35 55 33 44
www.aamanns.dk
Lun.-ven. 10h30-20h30,
sam. 11h-16h30, dim. 12h-16h30
Fermé entre Noël et le 1er janv.
***Smørrebrød* : de 45 à 75 Kr.**

Il n'y a, dans le *smørrebrødsdeli* d'Aamanns, qu'une douzaine de tartines au menu mais leur raffinement leur a valu d'être élues « meilleures de l'année ». Que vous optiez pour le pain de seigle au saumon fumé, carottes au sureau et cresson, ou la crème de noisette au fromage bleu, les commandes se font au comptoir. À emporter ou à savourer sur place avec un *snaps* maison (40 Kr les 3 cl).

Café Herkules

Kongens Have,
accès par la Sølvgade (H6)
Bus 26
☎ 33 15 03 10
www.cafe-herkules.dk
Mars, 1re quinzaine d'avril
et oct. : 12h30-17h30
2e quinzaine d'avril et sept. :
11h-20h30
Mai-août : 10h-21h30
Sandwich : de 48 à 56 Kr ;
double expresso : 24 Kr.

Il occupe le pavillon d'Hercule, un édifice de style néoclassique construit en 1773 par C. F. Harsdorff dans le secteur nord du Jardin du roi (voir p. 24). La carte se limite à deux-trois sandwichs au pastrami ou

1 - *Bang & Jensen*
2 - *Is à bella*
3 - *Bankeråt*
4 - *Les trois cochons*

poulet-bacon, quelques nachos, de la bière, des sodas et des glaces mais, par beau temps, le cadre a son charme : on peut planter sa chaise sous l'une des sculptures du Florentin Giovanni Baratta : *Hercule et le Lion*, *Orphée et Eurydice*…

Voir aussi ***Caféen*** *(p. 25).*

Nansensgade
Visite 9 – p. 26

Bankeråt

Ahlefeldtsgade 29 (G6)
Bus 40, M° ou S-tog Nørreport
☎ 33 93 69 88
www.bankeraat.dk
T. l. j. 9h30 ou 10h30-minuit (cuisine jusqu'à 21h30)
Sandwich : 99 Kr ; salade : 129 Kr.

Le café « historique » de la Nansensgade est à l'image du quartier, *hyggelig* (voir p. 109), hétéroclite et décontracté. On s'y attable à la bonne franquette devant des assiettes qui se veulent cosmopolites – l'heure est aux tapas, aux *penne carbonara* et au houmous – dans un décor original (les animaux taxidermisés et travestis sont de Filip Jensen).

Voir aussi ***Kalaset*** *(p. 27).*

Frederiksberg
Visite 10 – p. 28

Is à bella

Smallegade, 40 (A3)
Bus 9A ou M° Fasanvej
www.isabellais.dk
T. l. j. 12h-21h.

Il y a deux bons glaciers italiens à la lisière de Vesterbro et Frederiksberg : **Siciliansk Is** (Skydebanegade 3 – C5) et Is à bella, qui fait des miracles avec sa bonne vieille machine Carpigiani. Selon la saison, vous pourrez tester leur sorbet réglisse *(lakrids)*, figues caramélisées, menthe blanche, orange sanguine *(blodappelsin)*… Et toute l'année des glaces sans gluten ni lactose.

Voir aussi ***Visit Carlsberg*** *(p. 28) et* ***Meyers Deli*** *(p. 29).*

Vesterbro
Visite 11 – p. 30

Famo

Gammel Kongevej 51 (C4)
Bus 6A, 9A ou 26
☎ 33 22 22 50
www.famo.dk
T. l. j. 18h-22h
Menu 5 plats : 400 Kr (500 Kr le ven.).

Administrativement parlant, vous êtes ici à Vesterbro (le trottoir d'en face, lui, dépend de Frederiksberg) mais gastronomiquement parlant, vous êtes déjà… en Italie car Fabbio Mazzon & Morten Kaltoft – Famo – importent tout de là-bas : jambon, fromage, vin, melon… Une succulente *osteria* à des prix danois. *Buon appetito* !

Les trois cochons

Værnedamsvej 10 (C4)
Bus 6A, 9A ou 26
☎ 33 31 70 55
www.cofoco.dk
Déjeuner : lun.-sam. 12h-14h30
Dîner : lun.-dim. 17h30-22h
Menu du soir (3 plats) : 295 Kr.

Voici un bistrot convivial et francophile, carrelé en noir et blanc, éclairé le soir à la seule bougie, où le client n'a pas son mot à dire : pour les entrées et les desserts, c'est le chef qui choisit pour lui, selon son humeur et ce qu'il a rapporté du marché ! Laissez-vous surprendre. Le risque n'est pas bien grand : c'est… rarement mauvais !

Madklubben

Vesterbrogade 62 (C4)
Bus 6A, 9A ou 26
☎ 38 41 41 43
www.madklubben.info
T. l. j. 17h30-minuit
(cuisine jusqu'à 22h)
Menu 2 plats : 150 Kr ;
3 plats : 200 Kr.

Cette grande « cantine », qui a le mérite d'être ouverte le dimanche, vaut surtout pour son ambiance – jeune et urbaine – et ses prix corrects… à condition, bien sûr, de s'en tenir aux standards du menu : pour plusieurs plats, comme le *dagens fisk* (poisson du jour), il faut s'acquitter d'un supplément. Bondé le soir des vendredi et samedi.

Bang & Jensen

Istedgade 130 (C5)
Bus 10 ou 14
☎ 33 25 53 18
www.bangogjensen.dk
Lun.-ven. 8h-2h, sam. 10h-2h,
dim. 10h-minuit
Petit déjeuner : 90 Kr ;
croque-monsieur : 73 Kr.

Quand deux rockers sur le retour transforment (1993) en café une ancienne pharmacie de Vesterbro, ça donne le « B&J » : un lieu informel et cool – en ce moment, il y a des portraits de… marins pêcheurs sur le mur ! – où l'on refait le monde autour d'un chili con carne tout en surfant sur son ordinateur portable dernier cri. Le point fort ? Le petit déj' dit *morgenbuffet*, avec croissant et thé vert à la rhubarbe !

Apropos

Halmtorvet 12 (C4)
Bus 10, 14 ou S-tog København H
☎ 33 23 12 21
www.cafeapropos.dk
Dim.-jeu. 9h-minuit,
ven.-sam. 9h-1h
Pâtes et risotto : 129 Kr ;
steak : 189 Kr.

Avec sa large terrasse et sa sélection de petits plats qui vont droit au but sans trop forcer sur la note, l'Apropos est le plus convaincant de tous les cafés qui ont fleuri derrière la Gare centrale. Les rigatoni aux aubergines, par exemple, sont abordables. Idem pour les brunchs « homme » (avec brochette de bœuf) ou « femme » (avec brochette de poulet), qui ne coûtent chacun que 119 Kr.

Voir aussi ***Granola*** *(p. 31).*

Nørrebro
Visite 12 – p. 32

Sundsult

Elmegade 8 (C2)
Bus 3A et 5A
☎ 35 37 70 25
www.sundsult.com
Lun.-sam. 10h-21h, dim. 12h-21h
Sandwich : 49 Kr ; jus de fruits :
42 Kr.

Sinan Tümtürk a réussi son pari : le *saladbar* méditerranéen qu'il a repris à Nørrebro (et au n° 41 de la Grønnegade – H7) est attrayant, pas trop cher et varié. Tzatziki, houmous, feuilles de vigne farcies, salade de pastèque ou féta, le prix dépend du nombre d'ingrédients que vous aurez choisis (55 Kr les 4, 65 Kr les 6).

Café 22

Sortedam Dossering 21 (D2)
Bus 3A et 5A
☎ 35 37 38 27
www.cafe22.dk
Dim.-mer. 9h-minuit,
jeu.-sam 9h-2h
Soupe : 79 Kr ; salade : 95 Kr ;
wok : 98 Kr.

Rien de tel que ce café pour déjeuner en tête à tête avec

« l'Étang noir » (Sortedam). Au cadre relaxant – quelques tables sur la berge à l'ombre des marronniers – s'ajoute une carte enjouée : salade mozza aux tomates séchées et cœurs d'artichaut, wok végétarien au riz et petits légumes... Une adresse à retenir pour les beaux jours !

The Coffee Collective

Jægersborggade 10 (B2)
Bus 18
☎ 60 15 15 25
www.coffeecollective.dk
Lun.-ven. 7h-19h, sam.-dim. 8h-18h.

Le meilleur café de la ville ? Vous le boirez chez Peter, qui achète les grains en vert, Casper, qui est expert en dégustation et Klaus, champion du monde des *barista* ! Ensemble, ils torréfient un expresso 50 % brésilien, 20 % kényan, 20 % guatémaltèque et 10 % éthiopien, dont vous nous direz des nouvelles ! Un autre must : le café panaméen Hacienda la Esmeralda, aux arômes d'abricot, bergamote, miel et jasmin (159 Kr les 125 g). Annexe près de la station Nørreport (au 21 de la Frederiksborggade – G6).

Paradis Is

Sankt Hans Torv 24 (C2)
Bus 3A
☎ 35 35 79 09
www.paradis-is.dk
Mars-avril et sept.-oct. : 12h-20h
Mai-août : 11h30-22h
Glaces : de 22 Kr (1 boule) à 35 Kr (3 boules).

On compte 12 Paradis Is en ville. Celui-ci est le premier glacier de cette chaîne réputée pour la fraîcheur de ses sorbets (fruits de la passion, sureau...) et crèmes glacées. Vous préféreriez quelque chose de plus relevé ? Testez la glace « chocolat chili » d'**Isobar** (Havnegade 51 – I7) !

The Laundromat Cafe

Elmegade 15 (C2)
Bus 3A ou 5A
☎ 35 35 26 72
www.thelaundromatcafe.com
Lun.-ven. 8h-minuit, sam.-dim. 10h-minuit
Snack : 48 Kr ; burger : 118 Kr ; dessert : 42 Kr.

Dans le genre original et décalé, ce café-laverie automatique tient plutôt bien la route ! Pendant que le linge tourne (ou pas) dans la machine, on peut feuilleter des magazines, jouer au backgammon, boire un jus de carottes ou reprendre des forces. Pour le petit déj', servi lun.-ven. de 8h30 à 11h30 (88 Kr), et le brunch – les sam.-dim. 10h-16h (138 Kr) –, il existe deux « programmes » : *clean* avec fruits frais et *dirty* avec bacon et saucisses.

Voir aussi ***Café Gavlen*** *(p. 33) et* ***Relæ*** *(p. 79).*

Østerbro
Visite 13 – p. 34

Joe & The Juice

Østerbrogade 48 (D2)
Bus 1A, 14 ou 40
www.joejuice.com
Lun.-ven. 7h-20h, sam.-dim. 9h-17h
Jus de fruit : 38 Kr (le petit), 50 Kr (le grand).

Si vous avez une envie subite d'un smoothie énergisant à base de pomme, framboise et gingembre, sonnez chez Joe ! Il vous le préparera en direct sur une bande-son syncopée. La formule rappelle les *juicebars* new-yorkais ; en tout cas, ça marche très fort : Kaspar Basse en a déjà ouvert une vingtaine comme celui-ci au Danemark.

Le Saint Jacques

Sankt Jakobs Plads (D1)
Bus 1A ou 14
☎ 35 42 77 07
www.lesaintjacques.dk

1 - Café 22 (p. 75)
2 - Café 22 (p. 75)
3 - Le Saint Jacques
4 - The Coffee Collective

Lun.-ven. 12h-15h et 18h-22h, sam.-dim. 12h-16h et 18h-22h
Omelette : 75 Kr ;
crème brûlée : 75 Kr.

À l'angle de l'Østerbrogade, une brasserie qui cultive avec sincérité les classiques de la cuisine française (foie gras, tarte Tatin…). Ce qui fait son succès ? Sa terrasse (réservez en été !) et sa formule 3 plats pour 200 Kr. Si le poisson du jour ne vous tente pas, optez pour les pâtes au saumon ou un chèvre chaud à la tapenade d'olives.

Emmerys

Østerbrogade 51 (D1)
Bus 1A, 3A ou 14
☎ 35 25 12 10
www.emmerys.dk
Lun.-ven. 7h-18h, sam.-dim. 7h-17h
Sandwich : 58 Kr ;
jus de fruit : 16 Kr.

Dans la catégorie « sur le pouce et pas trop cher », il faut citer les sandwichs, cookies, muffins… des boulangeries Emmerys, ferventes adeptes

du 100 % bio et réputées pour leurs cafés, qu'elles torréfient elles-mêmes. Il en existe une dizaine dans la capitale et celle-ci ne démérite pas : une halte souriante sur la longue Østerbrogade.

Voir aussi ***Gourmandiet*** *(p. 34)* *et* ***Kafe Kapers*** *(p. 35).*

Roskilde
Visite 14 – p. 36

Voir aussi ***Snekken*** *(p. 37).*

Les perles de la côte
Visite 15 – p. 38

Voir aussi ***Louisiana Café*** *(p. 39).*

Malmö
Visite 16 – p. 40

Voir aussi ***Salt&Brygga*** *(p. 41).*

Hors visite

Cafe 8-tallet

Richard Mortensens Vej 81A (HP par E5)
M° Vestamager
☎ 32 62 86 28
www.cafe8tallet.dk
Lun.-ven. 11h-21h, sam. 10h-21h, dim. 10h-20h
Menu du soir (2 plats) : 195 Kr.

Près du M° Vestamager, à l'orée du parc de Kalvebod, l'architecte Bjarke Ingels (voir p. 63) a réalisé un « immeuble en 8 » doté, au rez-de-chaussée, d'un café quasi panoramique. On y sert des menus *smørrebrød* au saumon ou au hareng (85 Kr les 2) et un copieux brunch à 125 Kr.

Voir aussi ***Allehånde Café*** *(p. 57).*

Cuisine boréale

Essayez la « nouvelle cuisine » danoise : vous serez très agréablement surpris(e) ! Savoureuse, ultra-saine – c'est un peu le « régime crétois » de la Scandinavie –, elle fait une percée remarquée dans les restaurants de Copenhague. Les Danois sont d'ailleurs très fiers de leur gastronomie : selon un récent sondage, 60 % d'entre eux y voient une composante essentielle de leur identité.

Recettes d'antan…

Ça n'a pas toujours été le cas : jusqu'en 1860, les sols du royaume ne fournissaient aux paysans qu'une nourriture très frugale : les récoltes, souvent tardives, souffraient du retour prématuré des gelées. Les ingrédients se voulaient roboratifs avant tout : boudin noir, orge, chou à l'étuvée… On trouve encore au menu de plusieurs restaurants de la capitale des plats datant de cette époque préindustrielle, comme l'*øllebrød* (bouillie de pain de seigle à la bière) ou la *gule ærter* (soupe aux pois cassés). Les boulettes de viande *(frikadeller)*, le cabillaud au four *(bagt torsk)* et la compote aux fruits rouges *(rødgrød)* – trois autres classiques de la gastronomie nationale – sont plus récents : ils n'ont fait leur apparition qu'à la fin du XIXe s. Au fil du temps, le nombre des repas (cinq autrefois) s'est réduit à trois – un petit déjeuner copieux ; un déjeuner froid constitué d'un ou deux *smørrebrød* ; un dîner chaud vers 18h30 – et le paysage culinaire s'est sensiblement… américanisé, même si beaucoup de ménages sont restés fidèles au gruau d'avoine *(grød)*, au traditionnel rôti de porc

(flæskesteg), et attendent chaque année, avec impatience, l'arrivée des pommes de terre nouvelles de Samsø.

… et ingrédients du terroir

Mais une « nouvelle cuisine », baptisée *nye nordiske køkken*, a émergé dans les années 1980, en réaction à la multiplication des fast-foods et aux productions insipides de l'agrobusiness qui – avec 28 millions de cochons (et autant de bacon !) pour 5,5 millions d'habitants – avaient fini par rayer des menus les ingrédients du terroir. **Claus Meyer,** cofondateur du Noma (voir encadré ci-dessous), et d'autres jeunes chefs – **René Redzepi, Erwin Lauterbach** – ont corrigé ce déséquilibre en mettant à l'honneur des produits locaux, féroïens ou groenlandais, tombés dans l'oubli : huîtres de fjord, mûres des tourbières, baies de la forêt, écrevisses, gélinottes de bruyère…
Leur initiative a encouragé le Conseil des ministres à relancer (en 2006) la production d'aliments traditionnels mais n'a été suivie, dans un premier temps, que par les établissements les plus huppés de Copenhague. Aujourd'hui, elle séduit beaucoup les jeunes générations. Et les nutritionnistes : certaines baies seraient riches en antioxydants et les huiles de poisson auraient bien des vertus…
Voir nos adresses Où manger, pages 66-77.

L'art du *smørrebrød*

On ne peut pas le qualifier de « sandwich » car le *smørrebrød* se présente sous la forme d'une seule tranche de pain : c'est plutôt un canapé de 3 à 5 mm d'épaisseur, tartiné d'une fine couche de beurre qui disparaît sous une appétissante garniture *(pålæg)* dont la composition plus ou moins sophistiquée – ici, une petite touche de cresson, là une rondelle de radis… – dépend de l'imagination de la cuisinière et des ingrédients disponibles. Bien sûr il existe d'innombrables variantes mais il est d'usage de débuter la série par les canapés au poisson, comme le hareng mariné *(marinerede sild)* aux câpres ou aux oignons parsemés de persil, sur pain de seigle noir *(rugbrød)* et accompagné d'un verre d'*akvavit* (voir p. 121). Le canapé de pain blanc *(franskbrød)* aux crevettes du Groenland *(rejer)* est un grand classique, de même que le saumon fumé *(røget laks)* rehaussé d'une pointe de

moutarde et d'aneth, ou le filet de carrelet frit *(fiskefilet)* à la rémoulade, une sauce à base de moutarde, câpres et cornichons hachés. Le jeu consiste ensuite à enchaîner sur une viande : pâté de foie *(leverpostej)* tiède aux champignons et lamelles de cornichons, ou tranches de porc rôti au chou rouge cuit, pommes et pruneaux…

Les stars

La capitale compte à elle seule 13 restaurants toqués. En voici deux, véritables « stars » de la cuisine danoise :

- Relæ (Jægersborggade 41 ; B2 ; bus 18 ; ☎ 36 96 66 09 ; www.restaurant-relae.dk ; mer.-ven. 17h30-minuit, sam. 12h-15h et 17h30-minuit). Créatif et chaleureux. Menu : 675 Kr.
- Noma (Strandgade 93 ; E4 ; bus 2A ou 9A, M° Christianshavn ; ☎ 32 96 32 97 ; www.noma.dk ; mar.-sam. 12h-16h et 19h-minuit ; résa 3 mois à l'avance sur Internet).
Élu trois fois meilleur restaurant du monde. Menu : 1 500 Kr.

Shopping
mode d'emploi

Horaires d'ouverture

Dans le centre-ville, les boutiques ouvrent du lun. au jeu. de 10h à 18h, le ven. jusqu'à 19h, le sam. jusqu'à 16h, et font l'effort d'accueillir les clients les premier et dernier dim. du mois, de 11h à 16h. **À la périphérie,** les horaires sont plus restreints : lun.-ven. 11h-17h30, sam. 11h-14h ou 15h. **Dans la Jægersborggade,** on peut faire ses courses jusqu'à 20h le 1er jeu. du mois. **Les centres commerciaux** suivent un régime différent : lun.-ven. 10h-20h, sam. 10h-17h. **Les fleuristes, kiosques** (7-Eleven) **et supérettes** (Døgn Netto) sont toujours ouverts le dimanche.

Soldes et rabais

Les *sæsonudsalg* ont traditionnellement lieu en janvier et en août mais il n'y a plus, depuis 2001, de « soldes » à dates fixes : **tous les commerçants ont le droit, à tout moment de l'année, de casser leurs prix.** Et beaucoup ne s'en privent pas. *Tilbud* (offres spéciales), *rabat* (rabais), *lagersalg* (déstockage)... : il faut juste traquer les affiches !

Payer ses achats

La plupart des commerces acceptent la **Visa** et, dans une moindre mesure, la **Mastercard** mais beaucoup – surtout les petits détaillants et les supérettes – prélèvent des **« frais additionnels »** *(gebyr)* de 3,75 % sur les paiements effectués par carte de crédit étrangère. Il est donc plus sage de régler en espèces. Vous résidez hors de l'Union européenne ? Si le montant de vos achats, par facture, est supérieur à 300 Kr, vous avez la possibilité de vous faire rembourser la **TVA** danoise sur présentation du **formulaire Tax free form** au 3e étage d'Illums Bolighus (p. 95) ou à l'aéroport, entre le terminal 2 et le terminal 3.

SE REPÉRER

Nous avons indiqué pour chaque adresse Shopping sa localisation sur le plan général (B2, G8...). Pour un repérage plus facile pour préparer votre week-end ou lors de vos balades, nous avons signalé sur le plan par un symbole rouge toutes les adresses de ce chapitre. Le numéro en rouge signale la page où elles sont décrites.

Notre top des quartiers où shopper

- **Galeries d'art**
  Bredgade et Kødbyen
  Voir plan I6-7 et C5 ; et p. 31.
- **Librairies**
  Fiolstræde – *Voir plan G6/H7.*
- **Mode**
  Pilestræde et Gammel Kongevej
  Voir plan H7 et B4/C4 ; et p. 29.
- **Brocante**
  Ravnsborggade – *Voir p. 32.*
- **Vintage**
  Blågårdsgade et Østerbro
  Voir plan C3 et p. 34.
- **Déco / Design**
  Autour d'Amagertorv
  Voir p. 14.

Nos top des boutiques les plus inspirées…

- **Mode au féminin**
  B56 – *Voir p. 84.*
- **Mode au masculin**
  Pede & Stoffer – *Voir p. 86.*
- **Sacs**
  Piet Breinholm – *Voir p. 88.*
- **Déco / Design**
  Illums Bolighus – *Voir p. 95.*
- **Gastronomie**
  Torvehallerne – *Voir p. 26.*

Shopping centers

Il y en a partout ! Le plus proche de la **Gare centrale** est **Fisketorvet** (Kalvebod Brygge 59 ; C5 ; S-tog Dybbølsbro ; www.fisketorvet.dk). Frederiksberg a son **FRB.C** près du M° Frederiksberg (B3, www.frbc-shopping.dk) ; **Roskilde, son Ros'Torv** à 300 m de la gare (p. 37, www.rostorv.dk) ; et **Malmö, son Emporia** (p. 40, train arrêt Hyllie, www.emporia.se). Le plus colossal ? Le **Field's** au M° Ørestad (www.fields.dk).

Shopping royal !

Vous êtes accro aux têtes couronnées ? Ne faites pas le pied de grue au **Magasin du Nord** (p. 20) en espérant y croiser la reine mais plutôt… le tour de ses fournisseurs ! Les plus prestigieux sont **Illums Bolighus** (p. 95), **Georg Jensen** et **Royal Copenhagen** (p. 94), tous trois reliés par des passages. **Perch's** (p. 67) approvisionne Sa Majesté en Queen's blend, et **Bering** (p. 25), en fleurs. La princesse Mary, qui soutient activement la mode danoise, s'habille chez **Julie Fagerholt** (p. 82) et **Malene Birger** (p. 83). Le caviste du château est **Kjær Sommerfeldt** (Gammel Mønt 4 – H7), et le fourreur attitré, **Birger Christensen** (Østergade 38 – H7).

Créateurs de mode

Du temps du grand couturier Holger Blom (1906-1965), la mode, à Copenhague, avait le goût de Paris. C'est dans les années 1960 avec InWear, Margit Brandt (p. 13), etc. que s'est façonné le style danois. Ses deux tendances ? Le romantisme bohème et le minimalisme. Aujourd'hui, le secteur du textile et de l'habillement occupe le 4ᵉ rang des exportations. Pour découvrir jeunes labels et valeurs sûres, baladez-vous autour de la Pilestræde !

Henrik Vibskov

Krystalgade 6 (H7)
M° ou S-tog Nørreport
☎ 34 14 61 00
www.henrikvibskovboutique.com
Lun.-jeu. 11h-18h, ven. 11h-19h, sam. 11h-17h.

On le présente toujours comme « l'enfant terrible » de la mode

danoise ! Anticonformiste certes mais touche-à-tout de génie, Vibskov électrise les fashion victims par ses défilés déjantés et son vestiaire « nomade urbain ». Comptez 3 500 Kr environ pour un anorak, un manteau ou une shirt-dress Marlou à motifs floraux sur soie noire.

Julie Fagerholt

Pilestræde 45 (H7)
Bus 11A ou M° Kongens Nytorv
☎ 33 38 08 80
www.heartmade.dk
Lun.-ven. 11h-17h30, sam. 11h-14h30.

En 1998, cinq ans après être sortie de la DKDS (l'École danoise du Design), Julie Fagerholt a créé une ligne de prêt-à-porter romantique, chaleureuse et inspirée, agrémentée çà et là de détails ethno et d'incroyables dentelles qui lui ont valu le prix très convoité du « Bouton d'Or » *(Guldknappen)* et… de figurer dans la penderie de Mary, l'épouse du prince héritier Frederik.

Munthe plus Simonsen

Grønnegade 10 (H7)
Bus 11A ou M° Kongens Nytorv
☎ 33 32 03 12
www.muntheplussimonsen.com
Lun.-jeu. 10h-18h, ven. 10h-19h, sam. 10h-17h.

Naja Munthe explore depuis 1994, à raison de quatre collections par an, la tendance hippie chic et le glamour façon « retour d'Ibiza ». Il faut y mettre le prix : 4 699 Kr la veste en cuir Troy Jakke à manches détachables, mais les créations des saisons précédentes ne sont pas plus chères qu'ailleurs. Sur le net (onglet « tidligere styles »), la tunique *mummy*, par exemple, se vend 551 Kr au lieu de 1 199 Kr.

Samsøe & Samsøe

Pilestræde 8C (H7)
Bus 11A ou M° Kongens Nytorv
☎ 35 28 51 11
www.samsoe.com
Lun.-jeu. 10h-18h, ven. 10h-19h, sam. 10h-17h.

La marque que les frères Klaus et Preben Samsøe ont lancée en 1991 continue de tracer son sillon : en 2012, elle a été nominée aux Dansk Fashion Award pour son approche résolument démocratique (beaucoup d'articles ici n'excèdent pas les 500 Kr) et pour la qualité de ses vêtements – une ligne simple, libre, tout à fait portable, déclinée dans des teintes lie-de-vin, chutney ou orange et qui s'inscrit dans la tradition de l'épure scandinave.

Day Birger et Mikkelsen

Pilestræde 16 (H7)
Bus 11A ou M° Kongens Nytorv
☎ 33 45 88 80
www.day.dk
Lun.-jeu. 10h-18h, ven. 10h-19h, sam. 10h-16h.

Du short en lin (599 Kr) à la doudoune Day down (1 899 Kr), ce concept store propose toute une gamme d'articles enthousiasmants, aux tissus fluides et aux détails vintage, souvent bohèmes, parfois inspirés de l'Asie, comme la tunique *day fan* « couleur kimono » à 1 199 Kr.

Le label a été créé en 1997 par Keld Mikkelsen et la géniale Malene Birger qui, depuis 2003, a sa propre firme : **By Malene Birger** (Antonigade 10 – H7, mêmes horaires).

Bruuns Bazaar

Kronprinsensgade 8 (H7)
Bus 11A ou M° Kongens Nytorv
☎ 33 32 19 99
www.bruunsbazaar.dk
Lun.-jeu. 10h-18h, ven. 10h-19h, sam. 10h-17h.

Autres pionniers : les frères Teis et Bjørn Bruun. Leur marque Bruuns Bazaar, inaugurée en 1974 et très vite identifiée à l'étranger comme « scandinave », cultive cet héritage minimaliste avec des matières et des coupes irréprochables. Tablez sur 1 299 Kr pour un chemisier et 1 499 Kr pour un pantalon mais suivez de près les rabais : ils sont fréquents (en ligne aussi, à la rubrique « outlet ») !

Moshi moshi mind

Tullinsgade 24 (C4)
Bus 6A, 9A ou 26
☎ 33 31 23 48
www.moshimoshimind.dk
Lun.-ven. 11h-18h, sam. 11h-15h.

Moshi moshi, c'est tout un état d'esprit, que l'on pourrait résumer d'un mot : *hygge* (voir p. 109). Les *hyggetøj* sont des vêtements moelleux, simples, que l'on ne choisit pas pour leur statut social mais pour se sentir bien avec soi-même après le travail. Pour se ressourcer dans l'univers stressé de la grande ville. C'est donc furieusement tendance, quasi... spirituel et ça reste abordable : 299 Kr le top spécial yoga, 499 Kr la marinière aux tons doux.

À suivre !

Copenhague fourmille de jeunes talents : Anne Sofie Madsen, Astrid Andersen, Visbøl de Arce... On les croise à l'occasion des défilés. Voici quatre noms à suivre :

- Baum und Pferdgarten (Vognmagergade 2, H6, ☎ 35 30 10 90, www.baumundpferdgarten.dk).
- Charlotte Eskildsen (Designers Remix, Pilestræde 8D, H7, ☎ 33 14 33 00, www.designersremix.com).
- Stine Goya (Nørrebrogade 45B, C2-3, ☎ 33 93 10 02, www.stinegoya.com).
- Wood Wood (Frederiksborggade 54, D3, ☎ 35 35 62 64, www.woodwood.dk).

Collections femme

Deux fois par an, à la fin des salons, les pros de la mode féminine se réunissent tout un week-end, derrière la Gare centrale, à l'intérieur d'Øksnehallen, pour brader leur surplus et les accessoires des derniers défilés. C'est le Dansk Fashion Outlet (voir p. 4). Vous l'avez raté ? Pas de panique : vous retrouverez leurs griffes tout au long de l'année dans les boutiques du centre et des faubourgs.

Acne

Pilestræde 40 (H7)
Bus 11A ou M° Kongens Nytorv
☎ 33 93 00 90
www.acnestudios.com
Lun.-ven. 11h-19h, sam. 10h-17h.

La griffe suédoise Acne (*« Ambitions to Create Novel Expressions »*), connue depuis 1996 pour ses jeans cinq poches, unisex et décontractés, a quatre points de vente à Copenhague. Celui-ci est le plus attrayant, avec son lot de robettes dégradées et de tops aux couleurs pétantes : néo-bordeaux, rouge lipstick… Un boxy tee-shirt citron vert coûte 695 Kr, une jupe *fauna black* sans coutures 595 Kr.

Another Nué

Krystalgade 3 (H7)
M° ou S-tog Nørreport
☎ 33 12 33 02
www.nuecph.com
Lun.-jeu. 11h-18h, ven. 11h-19h, sam. 11h-16h.

Un décor épuré et *shabby chic* qui met en valeur une belle sélection de labels étrangers et scandinaves. Vous connaissez déjà **Acne** et **Bruuns Bazaar** (p. 83), vous découvrirez Lovechild 1979, la ligne féminine, sexy et pas compliquée qu'ont imaginée Anne-Dorte Larsen et Katrine Rabjerg. Et quelques jolis accessoires : sacs d'Yvonne Koné, bijoux de Sophie Bille Brahe…

B56

Bredgade 56 (I6)
Bus 1A ou 26
☎ 33 11 33 96
www.B56store.com
Lun.-jeu. 11h-18h, ven. 11h-13h.

Sage maisonnette en fond de cour où la sympathique Stephanie Gundelach, blogueuse et styliste, met en scène ses coups de cœur :

des cardigans tricotés, des paires de leggings imprimés... La plupart des labels sont danois – Stine Goya, InWear, Wackerhaus, Anne Sofie Madsen (qui travailla à Londres pour Alexander McQueen)... – et les étiquettes tournent souvent autour de 1 500 Kr.

Filippa K

Gammel Kongevej 99 (C4)
Bus 9A ou 26
www.filippa-k.com
Lun.-ven. 10h-18h, sam. 10h-15h.

Vous n'avez jamais vu la « collection femme » au grand complet de la Suédoise Filippa Knutsson ? Depuis 2012, elle est exposée dans cette boutique de Frederiksberg et tire son épingle du jeu par un style clair, minimaliste, impeccable, souvent monochrome. Les petites robes noires ne se démodent pas et les jeans stretch qui ont fait son succès dans les années 1990 existent désormais en gris. Autour de 1 100 Kr le cardigan, 2 700 Kr le blazer.

Noa Noa

Østerbrogade 82 (D1)
Bus 1A, 3A ou 14
☎ 33 43 29 22
www.noanoa.dk
Lun.-jeu. 10h-18h, ven. 10h-19h, sam. 10h-15h.

Noa Noa – « qui sent bon » en tahitien – était le nom de la muse de Gauguin. Et celui d'une marque danoise de vêtements, lancée en 1981 par Harald et Lars Holstein. Leurs modèles enfants Noa Noa miniature connaissent un vif succès à Østerbro, tout comme leur collection femme, romantico-bohème, idéale pour résister aux froidures de l'hiver : cardigans angora, manteaux en jacquard brodé...

Stig P

Ravnsborggade 18 (C2)
Bus 3A ou 5A
☎ 35 35 75 00
www.stigp.dk
Lun.-ven. 11h-18h, sam. 10h-16h.

Stig P. n'est pas un nouveau venu sur la scène de la mode – la boutique au Kronprinsensgade 14 (H7) existe depuis 1969 ! – mais ses créations, que vous découvrirez ici aux côtés de ses marques préférées (Yvonne Koné, Wood Wood...), sont toujours aussi jeunes : des hauts bien fluides, des jupes prune comme l'Amalie (349 Kr), le tout fabriqué dans une très soigneuse usine du Portugal et certifié Oeko-Tex. Annexe au Gammel Kongevej 91 (C4).

Weekday

Amagertorv 33 (H7)
Bus 1A, 2A, 11A, 14, 26, 40, 66 ou M° Kongens Nytorv
☎ 33 12 15 12
www.weekday.com
Lun.-ven. 10h-19h, sam. 10h-17h.

Cette enseigne dynamique qui nous vient de Suède a déjà plusieurs labels à son actif et des prix accessibles. MTWTFSS, par exemple, propose une garde-robe urbaine, résistante, aux lignes souples, taillée pour tous les jours de la semaine – d'où les initiales – et deux types de silhouette, cintrée et flottante, à 250 Kr le sweat, 320 Kr le pantalon. Autre Weekday au Vestergade 23-25 (G7), avec des cabines rigolotes et une bande-son très pêchue.

Équitable et verte

Le secteur de la mode porte ici un intérêt croissant au commerce équitable et aux textiles naturels. Noir travaille le coton ougandais (www.noir.dk) ; Johanne Helger Lund, le chanvre et le bambou (Ecouture, Fælledvej 16A ; C2 ; www.ecouture.dk ; ven. 14h-18h30 et sur rd.-v.). Guðrun & Guðrun tricotent de superbes pulls en pure laine vierge des Féroé ; en vente chez Sabine Poupinel (Kronprinsensgade 12 ; H7 ; http://sabinepoupinel.dk), chez Parterre (Gammel Kongevej 103 ; C4 ; www.parterre.dk) ou sur leur site (www.gudrungudrun.com).

L'homme version… *dansk*

Dans chaque quartier, il existe un voire deux (très) bons magasins de vêtements pour homme. La palme du décor le plus renversant revient à Abercrombie & Fitch qui a ouvert ses portes au n° 11 de la Købmagergade, mais il n'a rien de… *dansk*. Visez plutôt du côté de Silas Adler, élu meilleur créateur de l'année 2012, de Han Kjøbenhavn et de SNS Herning. Leurs articles ne sont ni prétentieux ni trop underground : ils sont juste beaux. Et ils sont *made in Denmark* !

Mads Nørgaard

Amagertorv 15 (H7)
Bus 1A, 2A, 11A, 14, 26, 40, 66 ou M° Kongens Nytorv
☎ 33 32 01 39
www.madsnorgaard.dk
Lun.-ven. 10h-18h, sam. 10h-17h.

Une valeur sûre ? Nørgaard ! Né en 1961, Mads a pignon sur rue depuis 1986. Il a réalisé de mémorables défilés à Christiania (**Den Grå Hal** – p. 111), participé à toutes les Danish Fashion weeks et continue de signer quatre collections par an de vêtements intemporels, sages, au prix du quartier : 400 Kr le tee-shirt rayé Thrill, 1 000 Kr le pull Iceland Karl. À suivre aussi : les pulls marins d'Andersen-Andersen.

Norse Projects

Pilestræde 41 (H7)
Bus 11A ou M° Kongens Nytorv
☎ 33 93 26 26
www.norsestore.com
Lun.-jeu. 10h-18h, ven. 10h-19h, sam. 10h-16h.

Une boutique très stimulante où vous pourrez croiser les dernières créations de l'ex-skate-boarder Silas Adler (Soulland), et celles, bien sûr, de Norse Projects, dont le fameux ciré Elka à 1 200 Kr *(danish rain jacket)* qui vous donne en moins de deux un petit air de pêcheur breton ; mais rassurez-vous, il y a d'autres coloris que le jaune canari !

Pede & Stoffer

Klosterstræde 15 (H7)
Bus 11A, M° ou S-tog Nørreport
☎ 33 33 88 30
www.pedestoffer.com
Lun.-ven. 10h-18h, sam. 10h-17h.

C'est notre petit préféré ! Ils ont les jeans et les chemises Han Kjøbenhavn, les parkas imperméables du Suédois Hope

et surtout quelques-uns des superbes *sømandstrøjer* (« pulls marins ») de SNS Herning – entre 1 300 et 1 500 Kr – que Søren Skyt tricote dans la tradition inaugurée par son grand-père en 1931. Vendeurs ultra-compétents.

Le Fix

Guldbergsgade 16 (C2)
Bus 3A ou 5A
☎ 28 26 82 01
www.le-fix.com
Lun.-ven. 11h-18h, sam. 11h-16h.

Le Fix, à l'origine, c'est une bande de potes, issus des milieux du graph' et du skate, qui ont lancé en 1999 à Copenhague leur propre ligne de streetwear. Et ça marche fort : derrière la façade jaune taguée, des casquettes de base-ball côtoient des thermo jackets à 699 Kr, conçues pour traîner à la terrasse des cafés et sur le bitume. Annexe au n° 9B de la Kronprinsensgade (H7).

Molecule

Elmegade 26 (C2)
Bus 3A ou 5A
☎ 35 39 48 47
Lun.-ven. 10h-18h, sam. 10h-16h.

Restons à Nørrebro avec une mini-échoppe en sous-sol, qui joue elle aussi dans la catégorie du « streetwear décontracté » : ses articles, importés pour la plupart des États-Unis (Abbot Pederson, Original Penguin...) ou du Royaume-Uni, sont tout simples et plutôt rigolos. Surtout les tee-shirts à 200 Kr imprimés par Toon star !

O/Z Men

Østerbrogade 118 (D1)
Bus 1A
☎ 35 43 51 91
www.o-z.dk
Lun.-ven. 11h-18h, sam. 10h-15h.

Au cœur d'Østerbro, un florilège de prêt-à-porter de qualité, moderne et inspiré, où se mêlent avec bonheur griffes scandinaves (Nørgaard, J. Lindeberg), marques italiennes (Mauro Grifoni, Patrizia Pepe) et savoir-faire français : les vestes en cuir d'agneau travaillé à la main par Isaac Sellam frisent les 12 000 Kr mais sont sublimes.

Kyoto

Istedgade 95 (C5)
Bus 10 ou 14
☎ 33 31 66 36
www.kyoto.dk
Lun.-ven. 11h-18h, sam. 10h-17h.

Le quartier de Vesterbro a aussi son hot spot de la mode masculine : Kyoto qui, contrairement à ce que l'on pourrait imaginer, privilégie une esthétique tout à fait danoise, avec des jeans sanforisés Han Kjøbenhavn et de jolies chemises à 900 Kr étiquetées Libertine-Libertine. Le petit plus ? Les écharpes Howlin' du Belge Morrisson !

Coupe-vent ou polaire ?

Les Scandinaves sont depuis longtemps passés maîtres dans l'art de l'outdoor urbain ! À Frederiksberg, chez Naturligvis (Gammel Kongevej 119 – B4), vous trouverez toutes les panoplies waterproof du Suédois Haglöfs et du Norvégien Helly Hansen. Près de Nørreport, dans la Frederiksborggade (G6), Fjeld & Fritid (au n° 28) vend les coupe-vent du Norvégien Norrøna ; et Friluftsland (au n° 44), les polaires très seyantes du Suédois Houdini. Ces trois magasins sont ouverts du lundi au vendredi de 10h à 18h et le samedi de 10h à 15h.

www.naturligvis.com, http://fjeldogfritid.dk et www.friluftsland.dk

Sacs, chaussures, et autres accessoires

En matière d'accessoires, l'offre, à Copenhague, oscille entre une tendance sobre, rigoureuse, fonctionnelle, et un style plus... *glimmer & glitter* – l'équivalent de notre « bling-bling » – avec des ceintures pailletées, griffées Kirsten Schjønning, ou des étuis pour iPhone incrustés de perles de verre par Malene Birger. Dans les deux cas, ce sont toujours des articles ultra-soignés qui résistent à l'épreuve du temps. En voici une petite sélection...

SACS

Piet Breinholm

Nansensgade 48 (G6)
Bus 40, M° ou S-tog Nørreport
☎ 42 32 73 91
www.pietbreinholm.dk
Ven. 11h-19h et sur r.-v.

Commençons par Piet Breinholm qui a eu la bonne idée, en 2003, de racheter des machines à coudre le cuir pour pouvoir rééditer, dans une version modernisée, son vieux cartable d'écolier ! Avec les mêmes peaux, tannées au Brésil, il réalise aussi de superbes sacs de différents formats – haut comme le Mio, large comme le Patchwork – qui se patinent à merveille. Entre 1 100 et 3 500 Kr.

Storm

Store Regnegade 1 (H6-7)
Bus 11A ou M° Kongens Nytorv
☎ 33 93 00 14
www.stormfashion.dk
Lun.-jeu. 11h-17h30, ven. 11h-19h, sam. 10h-16h.

Vous connaissez les Mismo ? Il s'agit de sacs en matières naturelles, de fabrication artisanale danoise, dans lesquels on peut glisser sa serviette de plage *(Deck Tote)* ou son MacBook *(Slim Tote)*. C'est cher mais très classe et quasi inusable ! Vous en verrez chez Storm, une belle boutique dédiée à la mode et conçue par Leif Jørgensen.

CHAUSSURES

Remö

Elmegade 3 (C2)
Bus 3A ou 5A
☎ 35 39 24 40
www.remo.dk
Lun.-ven. 11h-18h, sam. 11h-16h.

Sandro Grassi, qui tient les rênes de cette mini-boutique située près de **Goggle** (p. 33), a sélectionné une palette très variée de chaussures (pour femmes essentiellement) attrayantes et souvent espiègles. Nous, on a flashé sur Shoe the bear, une marque lancée à Copenhague en 2007 par Thomas Frederiksen et Jakob Fuglsang, mais il a d'autres labels locaux : Shoe Biz (1989), Billi Bi (1993)...

Ilse Jacobsen

Kronprinsensgade 11 (H7)
Bus 11A ou M° Kongens Nytorv
☎ 33 33 01 90
www.ilsejacobsen.com
Lun.-jeu. 10h-18h, ven. 10h-19h, sam. 10h-16h.

C'est avec ses bottes en caoutchouc de Malaisie qu'Ilse Jacobsen, de Hornbæk (au nord-ouest d'Elseneur), se taille un franc succès depuis 1993 auprès des Scandinaves : légères, confortables, super-isolantes, elles sont non seulement déclinées dans des tons originaux – cognac, bordeaux, œillet d'Inde – mais aussi... lacées (850 Kr).

Hr.Sko

Jorcks Passage
Vimmelskaftet 42B (H7)
Bus 11A ou 14
☎ 33 15 32 22
www.hrsko.dk
Lun.-ven. 10h-18h, sam. 10h-16h.

Hr.Sko est un chausseur multimarques pour hommes, installé dans un vieux passage quasi... parisien qui relie la Skindergade au Strøget (architecte : l'infatigable Vilhelm Dahlerup). Certains de ses modèles sortent du lot : ceux du Danois Thomas Ahler par exemple, connu pour ses bottes *(støvler)* en cuir de veau mais aussi pour sa sous-marque à moindre prix, TGA. À partir de 629 Kr.

CHAPEAUX

Petitgas

Købmagergade 5 (H7)
Bus 11A ou M° Kongens Nytorv
☎ 33 13 62 70
Lun.-ven. 10h-16h30 (f. mi-juil./mi-août).

En 1960, lorsque Kurt Jensen est arrivé à Copenhague, la ville comptait 18 chapeliers ! Il est aujourd'hui le dernier mais son négoce, fondé en 1857 par le Parisien François Petitgas, a conservé – à peu de chose près – sa déco d'origine et recèle pas mal de trésors : panama,

stetson... Comptez 750 Kr pour un *hårfilt* (feutre mou) à la Bogart.

Susanne Juul

Store Kongensgade 14 (I6)
Bus 1A, 11A, 26 ou M° Kongens Nytorv
☎ 33 32 25 22
www.susannejuul.dk
Mar.-jeu. 11h-17h30, ven. 11h-18h, sam. 10h-14h.

Après dix années passées au service du Théâtre royal en qualité de costumière, Susanne Juul dessine ses propres couvre-chefs et les réalise entièrement à la main, dans la forme, la couleur, la taille et le matériau de votre choix : bibi en paille *(strå)*, toque en fourrure *(pels)*, bonnet en laine *(uld)*... Modèles prêt-à-porter à partir de 275 Kr.

Du bonnet au parapluie

On annonce vent frais et gros crachin sur le Sund ? Pas de panique ! Norse Projects (p. 86) a toujours en réserve de jolis bonnets *(huer)* avec mouffles *(luffer)* assortis ; et le Magasin du Nord (p. 20), un rayon entier d'écharpes *(tørklæder)* et de gants en laine qui montent jusqu'au coude *(strikvanter)* ! Enfin, chez Politiken Plus, le Senz – un parapluie à 295 Kr – résiste à des vents de 80 km/h (Vestergade 22 ; G7 ; lun.-ven. 10h-18h, sam. 10h-14h).

Le coin des enfants

La petite brique en plastique inventée par Ole Kirk Christiansen ayant fait le tour du monde, même ceux qui n'ont jamais mis les pieds à Copenhague savent au moins deux mots de danois : *leg godt !,* prononcés « lego », signifient « joue bien ! » Mais l'entreprise Lego, qui est aujourd'hui le 3e producteur mondial de jouets et accessoirement la première fortune du pays, n'est pas la seule à faire la joie des bambins. Le Hoptimist de H.G. Ehrenreich a lui aussi de beaux jours devant lui !

Fannymia

Kompagnistræde 12 (H7)
Bus 11A ou 14
☎ 51 94 82 02
www.fannymia.dk
Lun.-jeu. 11h-17h30,
ven. 11h-18h, sam. 11h-15h.

Adorable échoppe en sous-sol, fourmillant d'idées pour faire dînette, ranger sa chambre ou partir en voyage. Si vous voyez des vaches et des trèfles verts sur les valisettes roses et des pois blancs sur les assiettes rouges, c'est… suédois (Jabadabado, leur créateur très inventif, est basé à Landskrona). Les *mini-møbler,* eux, sont l'œuvre d'Ann Sofie Dahl (comptez 375 Kr pour accrocher au mur l'une de ses casses de typographe).

Polkadotten

Istedgade 124 (C5)
Bus 10 ou 14
☎ 38 81 35 54
Lun.-ven. 11h-17h30,
sam. 10h-14h.

Côté chaussures, cela vaut la peine de faire un saut chez Camilla Rode à Vesterbro : elle a sélectionné quelques marques éco-responsables dont Kavat, une entreprise familiale suédoise qui fabrique depuis quatre générations, entre Stockholm et Göteborg, de très fiables chaussures pour les petits petons (à partir de 549 Kr) en cuir suédois, légères pour l'été, fourrées pour l'hiver.

Dansk Håndværk

Kompagnistræde 20 (H7)
Bus 11A ou 14
☎ 33 11 45 52
www.billedleg.dk
Mar.-jeu. 11h-17h30 (ven. jusqu'à 18h30), sam. 11h-15h.

Au Danemark, les jouets en bois *(trælegetøj)* connaissent encore un vif succès. Même ceux des années 1950 : ArchitectMade produit toujours les canards de Hans Bølling ; et Rosendahl,

les macareux de Kay Bojesen. Ici, on retiendra surtout les créations de Lars Jensen, tel le « train anniversaire » *(fødselsdagstoget)*, qu'il peint lui-même à la main dans des couleurs pimpantes.

Lego

Vimmelskaftet 37 (H7)
Bus 11A ou 14
☎ 52 15 91 58
http://stores.lego.com
Lun.-sam. 10h-18h (ven. 10h-19h), 1er et dernier dim. du mois 11h-17h.

C'est le magasin phare – le *flagship store* comme on dit – de la marque au Danemark ! Jetez-y un œil : les prix sont sensiblement moins élevés qu'en France et le mur du fond est très craquant avec ses bocaux emplis de briques en plastique multicolores, empilables et interchangeables. Bien sûr, vous pouvez vous servir vous-même. Il suffit de prendre un gobelet et de le remplir à ras bord (de 69 à 129 Kr selon la taille).

Pif Paf Puf

Nordre Frihavnsgade 23 (D1)
Bus 1A, 3A ou 14
☎ 35 55 18 04
www.pif-paf-puf.dk
Lun.-jeu. 10h-17h30, ven. 10h-18h, sam. 10h-15h.

Non seulement ils sont souriants, chez Pif Paf Puf, mais il leur reste quelques joujoux que vous n'avez peut-être pas vus ailleurs (on pense aux *nixes* de Dorthe Mailil). À signaler aussi : le Wutsch – un vélo à 4 roues super-léger (2,7 kg ; 499 Kr) pour apprendre plus vite à faire du... vrai vélo – et la très solide *løbehjul* (« trottinette ») Puky. Si vous cherchez plutôt des vêtements, jetez un œil, dans le quartier, sur la dernière collection de **Noa Noa** (p. 85).

Karrusella

Jorcks Passage
Vimmelskaftet 42 (H7)
Bus 11A ou 14
☎ 29 88 73 11
www.karrusella.dk
Lun.-ven. 10h-18h, sam. 10h-16h.

Cette boutique du Jorcks Passage a en réserve des vêtements pour 0-9 ans griffés Krutter : confortables, ultra-cool, produits

en Grèce mais conçus dans le Jutland par Birgitta Sonn, ils sont certifiés 100 % Oeko-Tex. Les ludiques sweat imprimés de voitures avec caravane sont à 199 Kr ; les pimpantes robettes fleuries *(kjole)*, à 399 Kr.

L'enfant-roi

Aucun risque que votre bout d'chou s'ennuie : Copenhague est LA capitale de l'enfant-roi. Vous avez déjà arpenté le parc d'attractions de **Tivoli** (p. 10) et le **zoo de Frederiksberg** (p. 29) ? **Un nouvel aquarium** (Den Blå Planet, www.denblaaplanet.dk, M° Kastrup) a ouvert ses portes en 2013. Trop onéreux ? Essayez le **spectacle de marionnettes** du Kongens Have (p. 24, 1er juin-31 août, mar.-dim. à 14h et 15h) : c'est gratuit ! La plupart des musées disposent d'un atelier pour enfants. Celui du **Louisiana** est *fantastiskt* : il pourra y peindre ou y modeler à loisir (p. 39, t. l. j. 11h-17h30). À moins qu'il ne préfère monter un mur de briques au **Nationalmuseum** (p 15) ou se déguiser en viking à Roskilde **(Vikingeskibsmuseum,** p. 37) ?

Vintage et occasion

Chaussures glamour ou jupette à bas prix : il reste quelques affaires à faire à Copenhague, surtout dans les quartiers de Nørrebro et d'Østerbro où la chasse au *brugt tøj* – le vêtement d'occasion – passe beaucoup par les associations caritatives dont le réseau est très efficace. Là, les Copenhagois trouvent de quoi se faire un look à la Betty Draper dans *Mad Men* ! En plus, c'est super propre et ça ne sent pas la naphtaline…

Røde Kors Butik

Vestergade 2B (G7)
Bus 11A ou 14
☎ 33 91 33 20
www.lokal.rodekors.dk/sw106672.asp
Lun.-ven. 12h-17h30, sam. 11h-15h.

Premier filon : la boutique de la Croix Rouge située près de Gammeltorv. Ses portants alignent une garde-robe pour tous les goûts et toutes les saisons à des prix très *rimelig* (raisonnables) : moins de 80 Kr la veste. Annexes dans les quartiers de Vesterbro (Istedgade 69 – C5), Nørrebro (Nørrebrogade 40 – C2-3) et Østerbro (Nordre Frihavnsgade 8 – D1).

KK Vintage

Blågårdsgade 31C (C3)
Bus 3A, 5A ou 66
☎ 33 33 85 70
www.koebenhavn.kklokal.dk
Mar.-ven. 12h-18h, sam. 11h-15h.

Les initiales KK sont celles d'une autre association caritative, Kirkens Korshær. Des stylistes bénévoles repèrent les plus vintage et leur donnent une seconde vie. Retouches possibles sur place !
PS : en sortant, jetez un œil, au n° 18 de la même rue, sur l'étal de **Sort 2nd Hand** (lun.-ven. 11h-18h, sam. 11h-17h). Ses premiers prix tournent autour de 30/50 Kr.

Genbrug

Gammel Kongevej 85 (C4)
Bus 6A, 9A ou 26
www.frelsens-haer.dk
Lun.-ven. 10h-17h,
1er et 2e sam. du mois 11h-15h.

L'Armée du Salut (Frelsens Hær) collecte les vêtements, du nœud pap' à la salopette, les nettoie, les recoud et les vend à moins de 150 Kr dans ses boutiques de *genbrug* (recyclage). Et la meilleure adresse dans le genre – beau quartier oblige –, c'est le dépôt du Gammel Kongevej !

O-S-V.

Peder Hvitfeldts Stræde 4 (H7)
M° ou S-tog Nørreport
☎ 32 10 42 22
www.o-s-v.dk
Lun.-ven. 11h-18h, sam. 11h-16h.

O-S-V., à deux pas de la Rundetårn, joue dans une autre catégorie : celle du *second hand* trié sur le volet. On n'y vend en effet que des vêtements chic et des accessoires de marques,

internationales (Dries van Noten, Martin Margiela...) ou danoises (Stine Goya, Nørgaard, etc.) à moitié prix : comptez 450 Kr au lieu de 900 pour une chemise des créateurs copenhagois Libertine-Libertine !

Greibe & Kumari

Nordre Frihavnsgade 60 (E1)
Bus 3A ou 40
☎ 35 55 16 61
www.greibe-kumari.dk
Lun.-ven. 11h-17h30, sam. 10h-14h.

C'est dans ce *luksus second hand* pour femmes (et enfants) que les élégantes d'Østerbro déposent leur petit ensemble de la saison dernière. Ce n'est pas vraiment donné – 1 000 Kr le pull Acne – mais c'est tout de même plus abordable qu'en neuf et les griffes locales sont bien représentées. L'occasion de s'habiller en Filippa K ?

FN92

Larsbjørnsstræde 6 (G7)
Bus 2A, 5A, 6A ou 10
☎ 22 48 56 86
www.fn92shop.com
Lun.-ven. 11h-18h, sam. 11h-16h.

Avis aux nostalgiques des *fifties* : Pauli Tvilling expose dans son sous-sol du Quartier latin une impressionnante collection d'atours vintage ! Trois mille pièces au total, des robes surtout, en satin et en organza signées Lanvin, Nina Ricci, Holger Blom, et d'autres qu'il rehausse d'un froufrou ou d'une fleur. Les prix ? Entre 600 et 10 000 Kr.

Petitesse

Møllegade 8A (C2)
Bus 3A ou 5A
☎ 30 53 89 88
Mer.-ven. 12h-17h, sam. 10h-14h.

L'une des rares enseignes spécialisées dans le *second hand børnetøj*, l'habillement d'occasion pour enfants. Rien que des bons basiques, danois pour la plupart (Molo, Holly's, Småfolk), de toutes les tailles, vendus à prix cassés – 60 Kr la combinaison hiver tout terrain – et si nickel qu'on les dirait neufs ! Pas de cartes bancaires.

Puces et déballages

Le marché de la Ravnsborggade privilégie les bibelots, l'argenterie et la céramique mais il arrive que l'on y brade quelques fringues rétro (voir p. 32). Cela vaut aussi pour les sympathiques **déballages de la Jægersborggade** (voir p. 33). Un seul regret : les dates sont un peu aléatoires ! En revanche, **le *loppemarked* de Frederiksberg** est une valeur sûre : ce marché aux puces se tient tous les sam. 8h-15h d'avril à oct. derrière la mairie (B4 ; bus 9A, 18 ou M° Frederiksberg) et les étiquettes restent abordables.

Déco tendance et mobilier design

Le design danois ne se résume pas aux cafetières Bodum ou aux casseroles en alu Scanpan : il contribue aussi à créer une ambiance intime, un intérieur chaleureux – en un mot : *hyggelig* (voir p. 109). Profitez donc de votre week-end à Copenhague pour glaner des bougies, des plaids ou de jolis verres turquoise de chez Holmegaard. Un seul effet secondaire : en rentrant, vous risquez d'avoir très envie de refaire toute la déco de votre pied-à-terre…

ARTS DE LA TABLE

Georg Jensen

Amagertorv 4 (H7)
Bus 1A, 2A, 11A, 26, 40, 66 ou M° Kongens Nytorv
☎ 38 14 92 49
www.georgjensen.com
Lun.-jeu. 10h-18h, ven. 10h-19h, sam. 10h-17h
En juil.-août, ouv. aussi le dim. 11h-16h.

Au 1er étage sont exposés tous les couverts qui ont fait le renom de la maison Georg Jensen : cuillère à moutarde *(sennepske)*, couteau à beurre *(smørkniv)*… La ménagère « Pyramide » de Harald Nielsen, inspirée de l'Égypte ancienne, se vend toujours depuis 1927 – 2 799 Kr les 24 pièces – mais le chef-d'œuvre absolu en la matière reste le service d'Arne Jacobsen que vous avez peut-être vu au musée du Design (p. 22) : 489 Kr le set de 5 couverts.

Royal Copenhagen

Amagertorv 6 (H7)
Bus 1A, 2A, 11A, 26, 40, 66 ou M° Kongens Nytorv
☎ 33 13 71 81
www.royalcopenhagen.com
Lun.-ven. 10h-19h, sam. 10h-18h, 1er et dernier dim. du mois 11h-16h.

Un grand classique depuis 1775 : la vaisselle produite par l'illustre manufacture de porcelaine Royal Copenhagen ! Une théière Flora Danica (voir p. 106) coûte à elle seule la bagatelle de 999 Kr, mais le service *Blue Fluted Mega* – avec son ravissant motif bleu cobalt réinterprété en 2000 par Karen Kjældgård, alors étudiante en design – reste à peu près abordable : 499 Kr le set de deux mugs.

Illums Bolighus

Plaids en alpaga Elvang, chaussons Glerups pure laine, bougeoirs en hêtre, couettes d'été à 599 Kr... : pas de doute, c'est la meilleure adresse pour se constituer un petit nid *hyggelig* – « douillet » – et un vrai temple du design contemporain : la chaise *Fourmi* d'Arne Jacobsen (3661 Kr) voisine avec l'abat-jour de Louise Campbell et le module de rangement de Peter J. Lassen (Montana).

Amagertorv 10 (H7)
Bus 1A, 2A, 11A, 26, 40, 66 ou M° Kongens Nytorv
☎ 33 14 19 41
www.illumsbolighus.com
Lun.-ven. 10h-19h, sam. 10h-18h, 1er et dernier dim. du mois 11h-16h.

MEUBLES ET LUMINAIRES

Hay House

Østergade 61 (H7)
Bus 11A ou M° Kongens Nytorv
☎ 42 82 08 20
www.hay.dk
Lun.-ven. 10h-18h, sam. 11h-16h.

Prenez l'ascenseur ! Il permet d'accéder directement aux deux étages très spacieux que Rolf Hay a investis au-dessus du Café Norden pour y exposer

ses coups de cœur : des objets originaux, pas compliqués et souvent suédois comme les chaises *Ru* de Shane Schneck ou les plateaux *Kaleido* de Clara von Zweigbergk, de tailles différentes et de couleurs pimpantes – menthe, abricot, aubergine... – qui s'encastrent et se juxtaposent (79 Kr).

Nyt i bo

Store Kongensgade 88 (I6)
Bus 1A ou 26
☎ 33 14 33 14
www.nytibo.dk
Lun.-ven. 10h-17h30, sam. 10h-14h.

Depuis 1969, ce magasin lumineux situé près de l'église de Marbre se consacre à fond au design scandinave, de Børge Mogensen, célèbre pour son fauteuil *Spanish model n° 2226*, à Hans J. Wegner, représenté ici par une *sofabord* (table basse) à 8 899 Kr

(voir p. 104). Les musts du moment ? Les coussins de Krestine Kjærholm (395 Kr) et la gamme d'accessoires *Vipp* pour salles de bains et cuisines !

Rud Rasmussen

Nørrebrogade 45 (C3)
Bus 3A ou 5A
☎ 35 39 62 33
www.rudrasmussen.com
Lun.-ven. 10h-17h30, sam. 10h-14h.

Dans une cour de Nørrebro, une vénérable ébénisterie (1869) continue de produire, avec le même souci du détail, les classiques du design danois : la *foldestole* (siège pliant) que Mogens Koch avait dessinée en 1932, l'*y-stole* (« chaise en Y ») conçue par Hans J. Wegner en 1949 (1 995 Kr)... Les soldes de l'atelier sont au sous-sol !

Le Klint

Store Kirkestræde 1 (H7)
Bus 1A, 2A, 11A, 26, 40, 66 ou M° Kongens Nytorv
☎ 33 11 66 63
www.leklint.dk
Mar.-ven. 10h-18h, sam. 10h-16h.

Ce showroom, aménagé en 1943 par Kaare Klint (voir p. 104), réunit toutes ses créations – et celles de sa famille – dans le domaine du luminaire. Vous y verrez la fameuse lampe *Fruit* en papier plié, produite sous le nom de

code LK 101 (2 295 Kr), ainsi que les dernières nouveautés : les lampes de chevet *Viper* de Philip Bro Ludvigsen (à partir de 1 795 Kr), souples comme des serpents à sonnettes…

OBJETS

Stilleben

Niels Hemmingsens Gade 3 (H7)
Bus 1A, 2A, 11A, 26, 40, 66 ou M° Kongens Nytorv
☎ 33 91 11 31
www.stilleben.dk
Lun.-ven. 10h-18h, sam. 10h-16h.

Ditte et Jelena, qui ont toutes deux fait leurs classes à l'École danoise de Design, présentent dans leur exquise boutique les vases *Omaggio* qu'elles ont dessinés pour le céramiste Kähler, au côté de verres *Holmegaard* et d'adorables coussins « patchwork » signés Karen Bjelke, une designer textile qui a vraiment le sens de la couleur ! Taies et housses pour oreillers ou coussins à 475 Kr.

Wauw

Læderstræde 14 (H7)
Bus 1A, 2A, 11A, 26, 40, 66 ou M° Kongens Nytorv
☎ 32 13 97 76
www.wauw-design.dk
Lun.-ven. 11h-18h, sam. 11h-16h.

Au cœur de la vieille ville, une jolie collection de bols, pichets et vases conçus par divers céramistes européens.

Les créations les plus intéressantes ? Les tasses à espresso (175 Kr) et *caffe latte* (245 Kr) qui sortent tout droit de l'atelier de Sussi Krull et Maranke de Vos, un tandem hollando-danois et éco-responsable établi à Østerbro.

Inge Vincents

Jægersborggade 27 (B2)
Bus 18
☎ 40 70 17 50
www.vincents.dk
Mer.-ven. 10h-16h (18h le jeu.), sam. 11h-15h ; juil.-août : mar. et jeu. 12h-17h, sam. 11h-15h.

Inge, elle aussi, est céramiste mais ne travaille que la porcelaine blanche, dont elle a appris tous les secrets en Corée et au Japon. Dans son atelier de Nørrebro, elle modèle, tord et froisse les vases *(vaser)*, tasses *(kopper)* et photophores *(lyshuse)* avec une grande finesse. Chaque pièce est unique

Designer Zoo

Même au fin fond de Vesterbro, on peut humer les dernières tendances du design danois ! Sur 800 m² et deux niveaux, le Zoo réunit huit artistes maison et une quinzaine de créateurs aussi talentueux que novateurs. Il y a des théières géniales signées Rigmor Als Jørgensen, des vases de Bettina Schori et des petites tables pour enfants de Karsten Lauritsen *(bønneborde,* 990 Kr), déclinées en 74 couleurs : papaye, fougère, cassis…

Vesterbrogade 137 (B4) – Bus 6A
☎ 33 24 94 93 – www.dzoo.dk
Lun.-jeu. 10h-17h30, ven. 10h-19h, sam. 10h-15h.

(autour de 225 Kr) et quasi translucide.

Nyhavns Glaspusteri

Toldbodgade 4 (I7)
Bus 11A ou 66, Havnebus 991/992
☎ 33 13 01 34
www.copenhagenglass.dk
Lun.-ven. 10h-17h30,
sam. 10h-16h.

Christian Edwards s'est lancé dans l'aventure du verre soufflé en 1999. Depuis, il a développé sa propre technique et ouvert une boutique à deux pas de Nyhavn. Résultat : des flûtes, bols et coupelles simples aux couleurs subtiles et aux formes mouvantes, inspirées par la mer toute proche. Les prix sont sages : 180 Kr le *C-glas*.

Kunst og Håndværk

Landemærket 9 (H6)
Bus 11A, M° ou S-tog Nørreport
☎ 33 11 68 81
www.kunstoghaandvaerk.dk
Lun.-jeu. 11h-17h30,
ven. 11h-18h, sam. 10h-14h.

Depuis 1977, un collectif de sept artisans – verriers, céramistes, etc. – se relaie dans cette échoppe située à deux pas de la Rundetårn. Et chaque année, il y organise, fin août-début septembre, une petite braderie (jusqu'à 50 % de rabais). Faites-y un saut : c'est *hyggelig* (voir p. 109), charmant et inspiré. Surtout les textiles d'Inger Jepsen !

Søstrene Grenes

Amagertorv 24 (H7)
Bus 1A, 2A, 11A, 26, 40, 66 ou M° Kongens Nytorv
www.grenes.dk
Lun.-ven. 10h-19h, sam. 10h-17h, dim. 11h-16h.

Le bazar discount et hétéroclite des « Sœurs Grene » est un vrai labyrinthe autant qu'une caverne d'Ali Baba. Les articles y sont présentés en carton, en vrac ou sur palette mais si on prend le temps de fouiner dans tous les recoins, on trouve des bricoles peu chères, souvent utiles et parfois rigolotes. Des gants pour les grillades ? 15 Kr !

Jolander

Store Kongensgade 74 (I6)
Bus 1A ou 26
Contact : ☎ 61 71 67 75 (portable) ou à l'adresse tine@jolander.dk
www.jolander.dk
Lun. 12h-17h30, mar.-jeu. 11h-17h30, ven. 11h-18h, sam. 11h-15h.

Tine Jolander, tisserande à l'origine, a réuni dans cette ancienne boucherie les objets originaux qu'elle glane aux puces, de l'artisanat neuf mais aussi ce qu'elle fait de ses propres mains. Boules de Noël polonaises, pêle-mêle de cartes postales anciennes ou patchwork américain : c'est assez éclectique et très coloré mais plutôt sympa et elle fait toujours de jolis paquets cadeaux. Vin chaud à Noël.

Tiger

Frederiksborggade 1 (H6)
M° ou S-tog Nørreport
☎ 33 73 15 16
www.tiger.dk
Lun.-ven. 9h30-20h,
sam. 10h-20h, dim. 11h-19h.

En 1995, Tiger était une boutique « tout à 10 Kr ». Depuis, la gamme de prix s'est élargie et l'entreprise

compte 200 magasins répartis dans 18 pays d'Europe (sauf en France) mais ses articles sont toujours aussi pimpants : il y a des horloges en fourchettes et cuillères, de jolies lanternes et des guirlandes multicolores pour les fêtes d'anniversaire. Un rayon de soleil sur Kultorvet.

Panduro

Nørre Farimagsgade 74 (G6)
Bus 5A, 14 ou 40,
M° ou S-tog Nørreport
☎ 33 15 44 21
www.pandurohobby.dk
Lun.-jeu. 10h-18h,
ven. 10h-19h, sam. 10h-16h,
1er dim. du mois 11h-16h.

Panduro, c'est, depuis les années 1960, LA référence en matière de loisirs créatifs. Leur catalogue (466 pages !) déborde d'articles à moins de 50 Kr destinés à décorer un coffret ou une couronne de l'Avent, personnaliser son ordinateur ou réaliser des pochoirs... À ce prix-là, vous pouvez vraiment laisser libre cours à votre imagination !

Galeries d'art

Leurs prix sont ceux de Paris – la moindre gouache groenlandaise du remarquable Per Kirkeby (voir p. 53) tourne autour de 18 000 Kr chez Bo Bjerggaard – mais rassurez-vous : il y a toujours de nouveaux talents à découvrir. Leurs quartiers de prédilection ? Carlsberg (p. 28), Kødby (p. 31) et Frederiksstaden (p. 22). Vous y croiserez des œuvres de toute tendance, du mouvement Cobra à la peinture gestuelle en passant par du très expérimental.

Galerie Birch

Bredgade 6 (I7)
Bus 1A ou 26,
M° Kongens Nytorv
☎ 33 11 16 52
www.galeriebirch.com
Lun.-ven. 11h-17h, sam. 11h-15h.

Anette Birch a repris la galerie que son père, ardent défenseur du mouvement Cobra (voir p. 53), avait fondée en 1946. C'est donc ici que l'on peut acheter des œuvres d'Asger Jorn ou de Carl-Henning Pedersen. Son dernier coup de cœur ? Tom Krøjer, qui vient de fêter ses 70 ans, et rapporte de ses multiples voyages des petites toiles enjouées (7 500 Kr) dont les couleurs rappellent Matisse.

Martin Asbæk Gallery

Bredgade 23 (I6)
Bus 1A ou 26,
M° Kongens Nytorv
☎ 33 15 40 45
www.martinasbaek.com
Jeu.-ven. 11h-18h, sam. 11h-16h.

Chez les Asbæk aussi, on est galeriste de père en fils. Martin – le fils de Jacob et Patricia, qui ont fondé un centre d'art contemporain à Majorque (le CCA Andratx) – s'intéresse de près à la jeune photographie scandinave. L'occasion de découvrir Trine Søndergaard et la série *Intérieur* qu'elle a réalisée dans un manoir abandonné. Sa palette de gris n'aurait pas déplu à Hammershøi (voir p. 50) !

Galleri Christoffer Egelund

Bredgade 75 (I6)
Bus 1A
☎ 33 93 92 00
www.gce.nu
Lun.-ven. 11h-18h, sam. 12h-16h.

Face au Design Museum, un autre galeriste audacieux qui s'aventure dans l'univers de la performance, de la vidéo et des installations... La saison dernière, il avait accroché des clichés du talentueux photographe helvéto-danois

Christoffer Jørgensen et de psychédéliques acryliques d'Ida Kvetny (autour de 7 000 Kr). À suivre !

Gallery Poulsen

Flæsketorvet 24 (C5)
Bus 1A, 10, 14
ou S-tog Dybbølsbro
☎ 40 15 55 88
www.gallerypoulsen.com
Mer.-ven. 12h-17h30,
sam. 12h-16h.

Dans sa galerie du « quartier des abattoirs » (Kødby), Morten Poulsen défend avec enthousiasme des artistes peu conventionnels, parfois proches du street art, qui bousculent notre vision du monde : Peter Ravn, Javier Aguilera, Smike Käszner... Le plus marquant ? William Powhida ! Chaque année, fin août : une expo de groupe.

V1 Gallery

Flæsketorvet 69-71 (C5)
Bus 1A, 10, 14
ou S-tog Dybbølsbro
☎ 33 31 03 21
www.v1gallery.com
Mer.-ven. 12h-18h, sam. 12h-16h.

Jesper Elg et Peter Funch, eux aussi basés à Kødby, prêtent leurs murs depuis 2002 à un bataillon d'artistes internationaux. Mention spéciale pour Jacob Holdt qui, en 1976, avec un simple petit Canon, a immortalisé en 20 000 clichés la pauvreté, l'exclusion et le racisme aux États-Unis. Comptez 31 500 Kr pour un tirage limité.

Galleri Nicolai Wallner

Ny Carlsberg Vej 68 (B5)
Bus 1A, 3A, 6A, 10
ou S-tog Enghave
☎ 32 57 09 70
www.nicolaiwallner.com
Mar.-ven. 12h-17h, sam. 12h-15h.

Cet ancien garage du quartier Carlsberg est aujourd'hui la plus grande galerie d'art contemporain (800 m^2) de Copenhague. Un cadre... brut de décoffrage mais idéal pour installer les travaux de Joachim Koester, un artiste danois (1962) hanté par les phénomènes d'occultisme. À l'affiche également : Dan Graham et Richard Tuttle.

Politikens Galleri

Rådhuspladsen 37 (G7)
Bus 5A, 6A, 10 ou S-tog Vesterport
☎ 70 15 85 15
www.plus.politiken.dk/galleri
Lun.-ven. 10h-18h, sam. 10h-14h.

Si vous n'avez pas les moyens de jouer au mécène, essayez Politikens Galleri. Le grand quotidien danois a en effet sa propre salle d'expo, un slogan – « l'art pour tous » – ainsi qu'une collection de tirages offset et de sculptures à petits prix : 999 Kr pour une céramique *(The Laughing Boy)* peinte par Leif Sylvester et 1 085 Kr pour une litho de Bjørn Nørgaard. Nous, on a bien aimé *Ved Skovsøen* de Hans Scherfig pour 190 Kr. Qui dit mieux ?

Catalogues d'expo

Envie d'en savoir un peu plus sur les avant-gardes danoises ? Visitez le Louisiana à Humlebæk (voir p. 39) ou Arken à Ishøj (S-tog A puis bus n° 128 arrêt Arken ou 30 min de marche ; Skovvej 100, ☎ 43 54 02 22 ; www.arken.dk ; mar.-dim. 10h-17h, 21h le mer. ; 95 Kr). Et fouinez dans leurs boutiques respectives. Il leur arrive souvent de brader des catalogues en anglais sur l'œuvre de Jorn, Kirkeby, Olafur Eliasson...

Péchés mignons

Berlingots à la rhubarbe, marmelades de poire et graines de fenouil, pralinés à la réglisse... : le patrimoine sucré des Danois ne se résume pas au massepain dont les pâtissiers font un si grand usage. Il comprend moult *lækkerier* (« friandises »), souvent joliment conditionnées, que vous pourrez facilement glisser dans votre valise. Petit tour d'horizon des adresses les plus... irrésistibles.

Bornholmerbutikken

Torvehallerne
Israels Plads (G6)
Bus 5A ou 14,
M° ou S-tog Nørreport
☎ 30 72 00 07
www.bornholmerbutikken.dk
Mar.-jeu. 10h-19h, ven. 10h-20h, sam. 10h-18h, dim. 11h-17h.

Bornholm est un peu « la Corse du Danemark », une île perdue au milieu de la Baltique, réputée pour la saveur de ses produits du terroir. Le comptoir que Betty Løvschal a ouvert aux Halles (p. 26) vous en donnera un avant-goût : miels, gelées de groseilles *(ribs)*, marmelades de coing *(kvæde)*... Le pot de confiture de baies d'aronia – un arbuste de la famille des rosacées – vaut ses 48 Kr.

Sømods Bolcher

Nørregade 24 (G7) et 36b (G6)
Bus 11A ou 14,
M° ou S-tog Nørreport
☎ 33 12 60 46
www.soemods-bolcher.dk
Lun.-jeu. 9h15-17h30, ven. 9h15-18h, sam. 10h-14h30.

Cette charmante échoppe, élevée au rang de fournisseur de la Cour en 1991, fabrique à l'ancienne, dans de vénérables chaudrons, des *bolcher* (bonbons de sucre cuit) qui fondent dans la bouche. Les ingrédients sont 100 % naturels, cela va de soi, et les parfums variés : il y a ici 82 sortes de *bolcher* dont 10 à base de réglisse, 5 sans sucre et 2 sans allergènes. 29 Kr les 100 g, 44 Kr les 200 g.

Summerbird

Ny Østergade 9 (I7)
Bus 11A ou M° Kongens Nytorv
☎ 33 13 19 02
www.summerbird.dk
Lun.-ven. 10h-18h, sam. 10h-16h.

À partir de fèves de cacao trinitario, Mikael Grønlykke confectionne, dans sa Fionie natale (Assens), de délicates ganaches qu'il excelle à marier avec des amandes de Valence. Résultat : ses truffes

au chutney de mangue sont un enchantement, tout comme ses subtiles *trøffel* au jus de rhubarbe et menthe sauvage. 170 Kr la boîte de 18.

Karamelleriet

Jægersborggade 36 (B2)
Bus 18
☎ 70 23 77 77
www.karamelleriet.dk
Lun.-ven. 10h-17h30, sam. 11h-15h.

Vous l'aurez deviné : c'est ici le royaume du caramel ! Deux bonnes fées, originaires de l'île de Bornholm, veillent sur sa fabrication depuis 2006 : Charlotte et Tine. Elles en font des mous, des croquants et des durs (50 Kr les 165 g), déclinés en plusieurs variantes : chocolat, menthe, noix de coco, réglisse, cannelle pour Noël...

Lakrids by Bülow

Au sous-sol du Magasin du Nord
Kongens Nytorv 13 (I7)
M° Kongens Nytorv
☎ 56 49 68 22
www.lakrids.nu
Lun.-ven. 10h-20h, sam. 10h-19h.

Johan Bülow (de Bornholm, lui aussi !) est un fou de réglisse. Il a sillonné l'Italie du Sud, la Grèce et un bout du Moyen-Orient en quête des meilleures racines et s'est lancé en 2007 dans la production artisanale de pâte de *lakrids*, qu'il vend pure, rehaussée d'une pointe de fenouil ou mélangée à des canneberges, du chocolat noir... (55 Kr le pot de 175 g).

Blomsterberg

Grønnegade 43 (H6)
Bus 11A ou M° Kongens Nytorv
☎ 26 22 15 12
www.blomsterbergs.dk
Lun.-ven. 10h30-17h30 (18h le ven.), sam. 10h30-16h ; f. en juil.-août.

Si vous allumez le poste télé de votre chambre d'hôtel, vous la verrez peut-être : Mette Blomsterberg, pâtissière de talent, 39 ans et déjà 5 livres de recettes à son actif, a une émission sur DR1, intitulée *Det søde liv,* « La Douce Vie » ! Et les gâteaux qu'elle vend autour de 65 Kr, dans la Grønnegade, sont aussi réjouissants que sur le petit écran, surtout les mousses de fruits de la passion corsetées de chocolat noir et nappées de framboises...

Mais aussi...

D'autres plaisirs gourmands ? Il y a les chocolatiers **A Xoco** à Vesterbro (p. 31) et **Peter Beier** à Frederiksberg (p. 29), les cupcakes d'Agnes aux **Torvehallerne** (p. 26) et une solution commode pour faire le plein de *lækkerier* sans avoir à courir d'une épicerie à l'autre : le sous-sol du grand magasin **Illum** (p. 13). Vous pourrez vous y procurer quelques-unes des spécialités nordiques de Claus Meyer : un bocal d'airelles rouges séchées *(tørrede tyttebær),* du jus de baies d'argousier *(havtornsaft)*...

Idées cadeaux

Dans les boutiques de souvenirs du Strøget (p. 11), l'heure est au casque viking en plastique, au tee-shirt *I love Copenhagen* et – il fallait s'y attendre ! – à la Petite Sirène prisonnière de sa boule à neige. Par chance, les magasins de déco (voir p. 94) regorgent de super idées cadeaux bien moins kitsch et plus utiles. Si vous les avez déjà écumés, voici d'autres suggestions, de 45 à 898 Kr.

Christmas Shop

Knabrostræde 3 (H7)
Bus 11A ou 14
☎ 33 32 31 61
www.dkglobal.dk
Lun.-ven. 10h-18h, sam. 10h-17h.

Un avant-goût de Noël ? Cette boutique a tout plein d'articles pas chers ni encombrants qui donneront un air de liesse et de chaleur à votre prochain réveillon : bougies, calendriers de l'Avent, guirlandes, étoiles… Les plus chouettes sont les décorations en papier découpé *(papirklip)*, de Vagn et Ruth Larsen : leurs sapins verts aux lutins rouges coûtent 58 Kr ; les petits cœurs, 45 Kr.

Cinnober

Landemærket 9 (H6)
Bus 11A, M° ou S-tog Nørreport
☎ 26 13 98 33
www.cinnobershop.dk
Lun.-ven. 11h-17h30, sam. 11h-15h.

À deux pas de la Rundetårn, Ulla et Morten ont ouvert une librairie spécialisée dans les domaines du graphisme, du design et de la mode. Les ouvrages, joliment présentés, sont assez craquants, et il y a d'adorables cahiers Hejsan et carnets de note à 39 Kr.

Juuls

Værnedamsvej 15 (C4)
Bus 6A, 9A ou 26
☎ 33 31 13 29
www.juuls.dk
Lun.-jeu. 9h-17h30, ven. 9h-19h, sam. 9h-14h.

Pour célébrer dignement (?) Noël, il vous faudrait aussi une bonne bouteille de *Jule Akvavit* ! Ce caviste en vend, entre autres spiritueux introuvables en France : de la vodka de l'île de Hven, des eaux-de-vie *(brændevin)* de Bornholm et du *snaps*, bien sûr. Après quoi, il ne vous restera plus qu'à apprendre les chansons qui vont avec ! (du type www.youtube.com/watch?v=H8ZLE5RNOoc).

Ravhuset

Nyhavn 2 (I7)
Bus 1A ou 26, M° Kongens Nytorv
☎ 33 11 67 00
www.houseofamber.com
T. l. j. 10h-18h (jusqu'à 19h de mai à sept.).

Et l'ambre de la Baltique ? Il arrive que la mer en rejette le long des côtes danoises mais vous en trouverez plus facilement à la House of Amber qui réalise, depuis 1933, d'assez jolis bijoux à partir de cette résine translucide, secrétée il y a quelque 40 millions d'années par des conifères maintenant disparus. Premier prix : 450 Kr.

Danefæ

Istedgade 83 (C5)
Bus 10 ou 14
☎ 61 30 84 85
http://danefae.dk
Lun.-ven. 10h30-17h30, sam. 10h30-15h30.

Cette marque danoise, connue depuis 2006 pour ses imperméables femme très colorés *(regnfrakker)*, brille désormais au royaume du tee-

shirt décalé et du body bébé sympa, imprimé d'une tête de Viking, d'une Petite Sirène ou d'un couple de cygnes. C'est mignon tout plein et pas trop cher : 149 Kr les chaussons enfants *Erik*, 299 Kr le sweat homme *Emby* rayé menthe et turquoise.

Posterland

Gothersgade 45 (H6)
Bus 11A ou M° Kongens Nytorv
☎ 33 11 28 21
www.posterland.dk
Lun.-jeu. 9h30-18h, ven. 9h30-19h, sam. 9h30-17h.

Ici, pas de *papirklip* ni de *snaps* mais une riche collection de posters, réunie depuis 1977 et classée par thème : design scandinave, expos au Louisiana, tourisme (avec la série Wonderful Copenhagen), etc. Il faut tabler sur 258 Kr pour l'affiche *A century of Danish chairs* et 898 Kr pour le magnifique poster *Arne Jacobsen* par Bo Bonfils.

Mint Records

Gammel Kongevej 140A (B4)
Bus 9A ou 26
☎ 33 26 22 62
www.mintrecords.dk
Lun.-ven. 10h-20h, sam. 10h-17h, dim. 12h-18h.

Pourquoi ce disquaire plutôt qu'un autre ? Parce qu'il a 10 000 CD en stock, autant de vieux vinyles, et que, toutes les 4 semaines, il en brade une partie au sous-sol : la 1re semaine, on peut acheter 5 CD pour 100 Kr ; la 4e, 12 pour le même prix. À ce tarif-là, on peut s'offrir tous les albums du groupe électro-pop When Saints Go Machine !

Secrets de beauté

Les produits **Organiqs** et **Body Nordic** ne se vendent que sur le net (www.organiqs.dk et www.bodynordic.dk). En revanche, les cosmétiques d'**Ole Henriksen** sont disponibles au **Magasin du Nord** (p. 20), tout comme ceux de **Marianne Tromborg** qui a aussi, depuis 2012, son propre comptoir à l'aéroport, dans le Tax-free shop. Jetez un œil sur sa gamme de soins qui donnent le teint frais : c'est à base de mauve, souci, grenade, *made in Denmark* et garanti sans paraben (180 Kr l'eau de rose).

Les maîtres du design

Le *made in Denmark* a tout pour plaire : il est fonctionnel, élégant, parfaitement en phase avec la vie quotidienne et résiste à l'épreuve du temps. Les designers des années 1950, rompus aux techniques artisanales, avaient une connaissance intime des bois naturels. La nouvelle génération, elle, fourmille d'idées... Petit inventaire des étoiles du design dans la catégorie « meubles & objets ».

L'homme aux 500 chaises

Ébéniste hors pair, Hans Wegner (1914-2007) a beaucoup fait pour le renom du mobilier danois aux États-Unis : ce sont ses *Chaises rondes* – toujours éditées par Rasmussen (p. 95) – qui avaient été choisies, en 1960, pour le débat télévisé entre Nixon et Kennedy. Wegner a conçu, à lui seul, plus de 500 modèles de sièges qui frappent tous par leur simplicité. Mais cette simplicité n'est qu'apparente : elle s'appuie sur les travaux d'un architecte, Kaare Klint, qui avait mesuré le corps humain pour mieux adapter la forme des objets au physique de leurs utilisateurs (1925).

Juhl et son *Pélican*

L'un des premiers designers à se lancer dans la production à grande échelle fut Finn Juhl (1912-1989). À la différence de ses confrères plutôt portés sur le hêtre, il s'est intéressé au teck, alors massivement importé des Philippines, auquel il donne des formes abstraites et sculpturales. Le Design Museum Danmark (p. 22) et la maison qu'il a conçue à Ordrupgaard dans ses moindres détails (p. 38) réunissent la plupart de ses prouesses : le fauteuil *Pélican*, les saladiers en bois... sans oublier le superbe sofa *Poeten* (« Le Poète ») qui a remporté en 2010 le Wallpaper Design Award de la meilleure réédition.

Jacobsen et sa *Fourmi*

De tous les designers d'après-guerre, le plus célèbre est l'architecte **Arne Jacobsen** (1902-1971) qui a « libéré » le meuble scandinave de la tradition du bois naturel. « La Fourmi » *(Myren)*, conçue en 1952 pour la cantine d'un laboratoire pharmaceutique, est la première chaise en contreplaqué moulé mais aussi le siège danois le plus vendu dans le monde

(7 millions d'exemplaires !). Ses autres best-sellers ? Le fauteuil « Cygne » *(Svanen)*, dessiné pour le **SAS Royal Hotel** (Hammerichsgade 1 – G8), et la série d'ustensiles de cuisine, éditée par Stelton. Tous deux séduisent par leurs proportions harmonieuses.

Cecilie Manz

Ce goût pour les choses sobres, on le retrouve aussi dans les rangs de la jeune génération. **Cecilie Manz** (née en 1972 et diplômée de l'École de Design en 1997) cultive un minimalisme quasi japonais et une palette de gris inspirée du peintre Vilhelm Hammershøi (voir p. 50). Chaise-échelle, stéréo B&O... : à partir de matériaux humbles, elle crée des meubles et des objets qui ont beaucoup de poésie et déjà

leur place dans les collections du Design Museum (p. 22). Sa dernière création ? *Le Minuscule*, un fauteuil idéal pour un lounge ou un meeting informel, dont la coquille, très enveloppante (40 cm de hauteur), est déclinée en 14 coloris – blé, ocre, beige, aubergine...

Trois autres noms à suivre

- **Hans Sandgren Jakobsen** (né en 1963), qui a travaillé aux côtés de **Nanna Ditzel** (p. 107), surfe lui aussi sur le concept du *less is more*. On le voit peu à Copenhague – il opère à Grenå, dans le Jutland (www.hans-sandgren-jakobsen.com) – mais son tabouret *Gallery*, en frêne lamellé collé et cintré, est un must.
- **Leif Jørgensen,** né en 1968, travaille à Dragør (Søndre Tangvej 20, voir plan des environs, ☎ 32 10 20 99, www.leifjorgensen.com). Il a dessiné pour **Hay** (p. 95) des lits, tables et portants *Loop* au graphisme parfaitement maîtrisé. On lui doit aussi le mobilier du lounge **Vega** (p. 114).
- **John Sebastian,** que *Wallpaper* a élu parmi les vingt meilleurs jeunes designers du monde, est né en 1975. Il travaille à Frederiksberg (Bentzonsvej 54, B3, ☎ 38 88 08 69, www.johnsebastian.dk) et il est l'auteur, entre autres, d'un beau pichet isotherme pour Stelton.

Salto & Sigsgaard

La chaise, vous l'aurez compris, c'est LA spécialité des designers danois. **Kasper Salto,** né en 1967, n'échappe pas à la règle : dans son studio (Sankt Peders stræde 22, G7, www.saltosigsgaard.com), il en dessine de nouvelles – comme l'ultra-légère *Ice*, en aluminium satiné – mais il revisite aussi l'héritage des années 1950. Avec **Thomas Sigsgaard** (1966), il vient de livrer au siège new-yorkais de l'ONU de superbes rééditions du *Pélican* de Finn Juhl.

Leçons de style

Le design, au Danemark, n'est pas réservé à une élite ou à quelques férus d'avant-garde : on l'enseigne aux enfants, on lui décerne des prix... En fait, il est partout : du mobilier à la céramique en passant par les textiles et luminaires (p. 95) ! La tendance à venir ? Des formes douces, apaisées, pour nous aider à ralentir la cadence, à profiter du temps et des moments simples de la vie...

Pure vaisselle

Même la vénérable **Royal Copenhagen** (p. 94), connue pour sa porcelaine Flora Danica qu'elle produit depuis plus de

deux cents ans, fait appel à des designers. **Gertrud Vasegaard** (1913-2007), par exemple, a longtemps travaillé pour cette manufacture avant d'ouvrir son propre atelier : son service à thé en porcelaine et bambou de 1956 est toujours un classique du genre. En 2000, **Karen Kjældgård** (elle avait tout juste 26 ans) a réussi à renouveler de façon très subtile l'esthétique des 50 pièces du service **Blue Fluted** (p. 94). Son vase *Grass,* modelé façon brins d'herbe et édité par **Normann** (p. 34), a reçu le prix de la meilleure céramique en 2008. Mais Karen n'est pas la seule à explorer de nouvelles formes : **Ursula Munch-Petersen,** issue d'une dynastie de potiers de l'île de Bornholm, avait lancé – avec *Ursula* (1993) – une superbe série de pichets et compotiers asymétriques aux couleurs pastel (www.ursulamunchpetersen.dk). Et **Ole Jensen,** né en 1985, continue de dessiner avec talent et pour **Normann** (p. 34) des tasses, mazagrans et presse-citrons pleins d'humour, histoire de dérider les longues soirées d'hiver.

Lumières du Nord

Dans le domaine du luminaire aussi, les entreprises danoises se sont montrées particulièrement innovantes. Le designer **Poul Henningsen dit « PH »** (1894-1967), qui était parvenu dès 1925 à atténuer la luminosité excessive des ampoules en superposant les abat-jour, a développé au fil des ans, grâce à **Louis Poulsen** (p. 14), une gamme de lampes murales et de

suspensions révolutionnaires qui est toujours éditée avec succès. Plus récemment, Louise Campbell – elle est née en 1970 et incarne déjà la relève : le magazine *Bo Bedre* l'a élue meilleure designer de l'année – a imaginé une lampe très féminine, *Collage*, inspirée, dit-elle, « par la lumière qui filtre à travers la forêt de Klampenborg » (www.louisecampbell.com). Cette suspension, disponible chez Illums Bolighus (p. 95), est constituée de couches ajourées comme de la dentelle…

Au rayon « textiles »

Si vous vous baladez en train dans la région, vous serez peut-être assis(e) sur… l'une des créations de Nanna Ditzel (1923-2005) : les sièges des IC3 sont en effet recouverts d'un mélange de laine et de viscose, baptisé *hallingdal*, que cette grande dame du design a imaginé en 1965. Sur le marché du vintage et au Design Museum (p. 22), vous verrez quelques échantillons de ce matériau, décliné au fil des ans en 200 variantes, mais aussi les tissus expérimentaux et débridés que l'illustre Verner Panton (1926-1998) a conçus dans les années 1960 : moquettes psychédéliques, rideaux oranges… qui donnaient alors aux chambres et aux salons un petit air de navette spatiale ! De nos jours, la palette est – par bonheur ! – moins crue : descendez à l'hôtel Ibsens

(p. 135) et vous serez entouré(e) de tapis apaisants et *hyggelig* (voir p. 109) signés Krestine Kjærholm (www.kkjærholm.dk) ! Deux autres artistes du tissu comptent parmi les plus douées de leur génération : Lisbeth Friis, née en 1957, et surtout Louise Sass, née en 1965. Dans son atelier de l'île d'Amager, elle crée pour la dynamique société Kvadrat (Klubiensvej 22, HP par E1, S-tog Nordhavn, www.kvadrat.dk, lun.-ven. 8h-16h) des étoffes dont les bandes translucides se chevauchent à la manière des aplats d'une aquarelle.

Le prix Index

Projeté sur le devant de la scène internationale dès 1949 par les magazines américains, le design danois s'était un peu « fossilisé » dans les années 1980, mais il revient en force aujourd'hui, porté par de multiples initiatives : création d'écoles spécialisées, fondation du DDC (p. 11), réflexion sur l'organisation d'une Design week… L'événement le plus prestigieux ? L'Index. Ce prix que le prince Frederik décerne tous les deux ans à l'Opéra récompense d'un montant de 500 000 € l'auteur d'un design soucieux d'éthique et de développement durable.

Sortir
mode d'emploi

On sort où ?

C'est sur les quais du **port intérieur** (Inderhavn) que vous trouverez les « phares » de la culture classique : Théâtre royal, Opéra… Côté troquets, vous n'aurez que l'embarras du choix : ceux de **Nyhavn** sont touristiques, ceux de **Pisserenden (autour de Studiestræde** ; voir p. 12) souvent bondés, mais il existe d'excellentes boîtes de jazz au cœur de **la vieille ville** et de sympathiques bars à vin dans les faubourgs de **Vesterbro** et **Nørrebro** (p. 30-33).

On s'informe où ?

• Le journal ***The Copenhagen Post,*** gratuit dans les hôtels, et sa version en ligne **(www.cphpost.dk)** recensent en anglais les principales manifestations de la semaine. Pour un listing plus complet, consultez les dépliants ***Film/Musik Kalenderen*** disponibles à l'office de tourisme.
• Les jours n'y figurent qu'en danois mais la clé est simple :
ma = lun., ti = mar., on = mer., to = jeu., fr = ven., lø = sam., sø = dim., kl. = h.

Réserver un spectacle

Les billets peuvent s'acheter :

• sur Internet : www.billetlugen.dk *(call-center* : ☎ 70 26 32 67, t. l. j. 10h-17h). À régler par carte, à imprimer soi-même ou à retirer au magasin **Fona** (Østergade 47 ; H7 ; M° Kongens Nytorv ; ☎ 33 15 90 55 ; lun.-ven. 10h-19h, sam.-dim. 10h-17h)

• pour le jour même : directement au guichet (ouvert env. une ou deux heures avant le début du spectacle)

• pour les trois sites du Théâtre royal (Opéra, Gamle Scene et Skuespilhuset) : au bureau central de location, situé Bournonvilles Passage 1 (I7, M° Kongens Nytorv, ☎ 33 69 69 69, lun.-sam. 14h-18h)

• auprès du Tivolis Billetcenter (Vesterbrogade 3, à gauche de l'entrée principale ; G8 ; S-tog København H ; ☎ 33 15 10 12 ; lun.-ven. 9h-17h, en été jusqu'à 20h ainsi que sam.-dim. 10h-20h).

SE REPÉRER

Nous avons indiqué pour chaque adresse Sortir sa localisation sur le plan général (B2, G8…). Pour un repérage plus facile en préparant votre week-end ou lors de vos balades, nous avons signalé sur le plan par un symbole violet toutes les adresses de ce chapitre. Le numéro en violet signale la page où elles sont décrites.

Notre Top des bars *hyggelig*

Plusieurs bars sont propices au *hygge* – ce sentiment de bien-être et de tranquillité qui vous envahit le temps d'une soirée entre amis. Ici, pas de sujet qui fâche, juste une atmosphère relaxante. Et des bougies, bien sûr…

- **Bar 7**
  Strøget/Nørreport – *Voir p. 111.*
- **Ruby**
  Strøget/Nationalmuseet – *Voir p. 111.*
- **Bibendum**
  Nansensgade – *Voir p. 112.*
- **Falernum**
  Vesterbro – *Voir p. 114.*
- **The Barking Dog**
  Nørrebro – *Voir p. 115.*
- **Panzón**
  Østerbro – *Voir p. 116.*

Notre Top des lieux où écouter de la musique

- **Vega**
  Vesterbro – *Voir p. 114.*
- **Rust**
  Nørrebro – *Voir p. 115.*
- **Jazzhus Montmartre**
  Kongens Nytorv – *Voir p. 116.*
- **Dronningesalen**
  Slotsholmen – *Voir p. 118.*
- **Koncert Huset**
  M° DR-Byen – *Voir p. 118.*
- **Opéra**
  Holmen – *Voir p. 118.*

Spécial concerts gratuits

C'est surtout l'été que vous pourrez sortir sans bourse délier.

- Chaque vendredi d'août à 12h, des organistes se relaient à la **Trinitatis Kirke** (www.trinitatiskirke.dk) – l'église attenante à la Rundetårn (voir p. 12) – pour vous offrir un cocktail de Bach, Franck et Mozart.
- D'autres solistes font de même à la **cathédrale de Roskilde** (voir p. 36) les jeudis de juin, juillet et août à 20h (www.roskilde-kirkemusik.dk).
- De juin à août, **Ofelia Beach,** près du Skuespilhus (voir p. 118), se métamorphose en salle de concert et d'opéra en plein air (www.kglteater.dk/ofeliabeach).
- Vous préférez le **reggae** ? Soyez à Christiania (voir p. 19) le dimanche 18h-21h30 (Café Nemoland, Fabriksområdet 52, E4/F4, www.nemoland.dk) !
- Les **concerts de rock que Tivoli** (voir p. 117) programme tous les vendredis d'avril à sept. sont gratuits mais l'accès au parc reste payant (www.fredagsrock.dk).

Bars, clubbing jazz, pop-rock…

1 - Bar Rouge
2 - K-Bar
3 - Jailhouse CPH
4 - Hviids Vinstue

BARS – CLUBBING

Entre Strøget et Nørreport

Visite 2 – p. 12

Bar Rouge

Krystalgade 22 (G7)
M° ou S-tog Nørreport
☎ 33 45 91 00
www.firsthotels.dk
Lun.-mer. 17h-minuit, jeu. 17h-1h, ven.-sam. 17h-2h, dim. 17h-23h.

Le Sankt Petri, hôtel 5-étoiles du Quartier latin (voir p. 12), est doté d'un **lounge minimaliste et feutré,** le Bar Rouge, où l'on peut siroter au calme mojitos et autres cocktails à base de tequila, aperol et vermouth. DJs à partir de 22h.

Charlie's

Pilestræde 33 (H7)
Bus 11A ou M° Kongens Nytorv
☎ 33 32 22 89
www.charlies.dk
Lun. 14h-minuit, mar.-mer. 12h-1h, jeu.-sam. 12h-2h, dim. 14h-23h
Bière : autour de 40-50 Kr la pinte.

Vous n'êtes pas très fan des bières Carlsberg (voir p. 120) ? Essayez Charlie's ! **Ce troquet a le chic pour dénicher des brasseries indépendantes et des bières spéciales** en provenance, pour la plupart, du Royaume-Uni *(Hook Norton, Ruddles, Black Sheep…)*. Bonne ambiance.

Jailhouse CPH

Studiestræde 12 (G7)
Bus 2A, 5A, 6A ou S-tog Vesterport
☎ 33 15 22 55
www.jailhousecph.dk
Dim.-jeu. 15h-2h, ven.-sam. 15h-5h.

Des clients derrière les barreaux et des barmen en uniforme de police ? Pas de panique : Jailhouse est juste un **bar gay, bon enfant** et souvent bondé qui a fêté ses 10 ans en 2012 !

Il fait tous les jours happy hour de 15h à 21h (la Tuborg coûte alors 25 Kr) et **une fois par mois, une soirée à thème :** *Prison night, Oktoberfest, Marin en goguette...*

Bar 7

Studiestræde 7 (G7)
Bus 2A, 5A, 6A ou S-tog Vesterport
☎ 32 11 17 71
www.barsyv.com
Mar. 17h-1h, mer.-jeu. 17h-2h, ven. 16h-4h, sam. 19h-4h, dim. 19h-1h.
Entrée : gratuite en général.

Pour passer une soirée agréable dans un **lounge cosy,** il y a aussi le « 7 » (*syv* en danois). Les miroirs ont des cadres dorés et les sofas, des petits coussins. **Tout y est relaxant et inspiré,** à commencer par les cocktails, qui tournent autour de 90/100 Kr : le *Rhubarb ale* mêle vodka à la rhubarbe, soda au gingembre et citron vert ; le *Liquorish jewel* panache rhum, réglisse, miel et fraises.

Entre Strøget et Nationalmuseet

Visite 3 – p. 14

Ruby

Nybrogade 10 (H7)
Bus 1A, 2A, 11A, 14, 26, 40 ou 66
☎ 33 93 12 03
http://rby.dk
Lun.-sam. 16h-2h, dim. 18h-minuit
Cocktails : 100 Kr.

C'est dans ce bel appartement décoré de fauteuils cossus et de fleurs fraîches que le **virtuose absolu du cocktail** concocte chaque soir, depuis 2007, *Le Rêve de la veuve, My darling clementine* et autres potions magiques. Et comme ce n'est plus un scoop, il vaut mieux, pour y goûter, arriver... tôt ! Fermé les 24-25 et 31 décembre, et le 1er janvier.

Christianshavn

Visite 5 – p. 18

Den Grå Hal

Refshalevej 2 (F4)
Bus 9A ou M° Christianshavn
☎ 32 54 31 35
www.christiania.org

La salle des fêtes de Christiania, aménagée dans l'ancien manège militaire, accueille tous les grands événements de la « ville libre », du concert de Motörhead au Noël des SDF en passant par les meetings de l'Alliance Verts & Rouges... On y pratique aussi le **clubbing caritatif,** au profit par exemple des enfants pauvres du Mozambique. **Dates des prochaines soirées sur le site Internet.**

Kongens Nytorv

Visite 6 – p. 20

Hviids Vinstue

Kongens Nytorv 19 (I7)
Bus 1A, 11A, 26 ou M° Kongens Nytorv
☎ 33 15 10 64
www.hviidsvinstue.dk
Lun.-jeu. 10h-1h, ven.-sam. 10h-2h, dim. 10h-19h
***Gløgg* : 35 Kr les 9 cl.**

Si vous cherchez une **taverne authentique,** avec lambris sombre et cuir élimé, arrêtez-vous à l'angle de Lille Kongensgade. L'adresse, depuis 1723, ne manque pas de cachet. En hiver surtout, lorsque le vent balaie la place de Kongens Nytorv : patineurs et passants s'engouffrent alors chez Hviid pour se réchauffer d'un ***gløgg*** (voir p. 121) ! Notez qu'ici, le **vin chaud** aux épices n'est servi qu'à partir du 11 novembre à 11h.

K-Bar

Ved Stranden 20 (H7)
Bus 1A, 2A, 11A, 26, 40 ou 66
☎ 33 91 92 22
www.k-bar.dk
Lun.-jeu. 16h-1h, ven. 16h-2h, sam. 17h-2h
Cocktails : entre 76 et 137 Kr.

Bar cool, tamisé et joliment design, situé à deux pas d'Amagertorv et du canal de Slotsholmen. La propriétaire – Kirsten Holm d'où... « K » – est la reine du shaker et connaît ses **13 versions de martini** sur le bout des doigts. La spécialité de la maison ? Le « martini lychee » au gin géranium, sake & liqueur de gingembre !

Nasa Club

Baron Boltens Gård (I6)
(accès par Gothersgade 8F)
Bus 11A ou M° Kongens Nytorv
☎ 30 49 74 19
www.nasa-cph.dk
Sam. minuit-5h.

Ce **club ultra-select** vient de changer de proprio. Aux dernières nouvelles, seuls les VIP dont le nom figure sur la *guestlist* auraient le droit de s'y trémousser la nuit du vendredi, mais le samedi soir, vous pouvez tenter votre chance auprès du physio : si vous avez réservé une table, l'ascenseur vous propulsera au beau milieu d'un espace blanc immaculé ! **Ambiance champ', strass et glamour.**

Simons

Store Strandstræde 14 (I7)
Bus 1A ou M° Kongens Nytorv
☎ 53 38 90 03
www.simonscopenhagen.com
Ven.-sam. 23h30-5h
Entrée : 100 Kr.

C'est LE nouveau club à la mode depuis l'été 2010. Créé par Simon et Simon (deux piliers de la nuit à CPH), il affiche une bande-son électro – pour l'essentiel – et une ambiance assez *hot* sur deux étages (950 m^2). Attention : pour entrer, il faut s'inscrire sur la guestlist *via* Internet !

1105

Kristen Bernikows Gade 4 (H7)
Bus 11A ou M° Kongens Nytorv
☎ 33 93 11 05
www.1105.dk
Mer.-jeu. 20h-2h, ven. 16h-2h, sam. 20h-2h
Cocktails : de 90 à 110 Kr.

Derrière ce nom assez banal (« 1105 », c'est juste le code postal du quartier !) se cache un agréable bar à cocktail où officie le talentueux Gromit Eduardsen, réputé pour son très subtil « gin-cardamome ». La lumière est douce, la déco élégante et la bande-son, plutôt jazz et motown.

The Union Bar

Store Strandstræde 16 (I7)
Bus 1A ou M° Kongens Nytorv
☎ 41 19 69 76
www.theunionbar.dk
Mer.-jeu. 20h-2h, ven.-sam. 20h-4h
Cocktails : 95 Kr.

Un autre bar à cocktail discret à la façon des *speakeasy* clandestins du temps de la Prohibition : il n'y a aucune enseigne, juste une porte noire et une sonnette dorée sur laquelle il faut appuyer si l'on veut tester les cocktails assez sophistiqués que concocte Paul : son *bootleg* est une infusion de thé vert au bourbon et champagne, son *double-cross* un cognac mâtiné d'abricot et de brandy...

Frederiksstaden
Visite 7 – p. 22

Toldboden

Nordre Toldbod 24 (E2)
Havnebus 991/992
☎ 33 93 07 60
http://toldboden.com
Jus de pomme : 30 Kr.

Pour prendre l'apéro dans un transat au bord de l'eau, visez Toldboden aux beaux jours ! Cet ancien terminal de ferry qui fait bar-restau-brunch-grill (11h-22h) mais aussi *natklub* le week-end (22h-4h, âge minimum : 25 ans) attire les baigneurs et tous les contemplatifs : la vue sur la mer y est imprenable ! Élu meilleur club en 2012.

Rosenborg
Visite 8 – p. 24

Culture Box

Kronprinsessegade 54 (I6)
Bus 26
☎ 33 32 50 50
www.culture-box.com
Ven-sam. 21h-5h
Entrée : de 50 à 80 Kr (bière gratuite de 23h à minuit).

Tous les DJs qui comptent sur la scène électro – Richie Hawtin alias Plastikman... – se produisent dans ce club de 350 m^2 qui dispose de plusieurs espaces répartis sur deux niveaux : la *white box,* ouverte dès 21h, est un bar fumeur réservé au pré-clubbing ; la *black box,* où l'on danse comme dans une rave party, n'ouvre qu'à minuit.

Nansensgade
Visite 9 – p. 26

Bibendum

Nansensgade 45 (G6)
Bus 40, M° ou S-tog Nørreport
☎ 33 33 07 74
www.bibendum.dk
Lun.-sam. 16h-minuit
Vin au verre : de 60 à 120 Kr.

Quelques tables de récup' et un peu de patine ont suffi à faire de Bibendum un winebar convivial, bohème et aussi *afslappet* (« décontracté ») que le quartier. Sur la carte : 150 références, dont le sauvignon blanc de Nouvelle-Zélande (85 Kr) et le pinot noir de Santa Barbara (110 Kr). Généralement fermé durant les fêtes de fin d'année et les vacances d'été (mi-juillet/début août).

Søpavillonen

Gyldenløvesgade 24 (C3)
Bus 2A, 66 ou M° Forum
☎ 33 15 12 24
www.soepavillonen.dk
Ven.-sam. 21h-5h.

Conçu à l'origine (1894) par Vilhelm Dahlerup pour une assos' de patineurs, le beau pavillon blanc qui se mire dans les eaux du lac de Peblinge fait aujourd'hui dancefloor. Une clientèle de trentenaires bon pied bon œil y bat la semelle sur de la pop danoise et de la disco des années 1980. Le jeudi, cours de mambo, salsa

1 - Toldboden
2 - Culture Box
3 - Mikkeller
4 - 1105

et bachata (20h-21h) puis « salsathèque » de 21h à 1h (entrée : 60 Kr).

Frederiksberg
Visite 10 – p. 28

Café Svejk

Smallegade 31 (A4)
Bus 9A ou M° Fasanvej
☎ 38 86 25 60
www.cafesvejk.dk
Lun. 15h-23h, mar.-mer. 15h-1h, jeu. 15h-2h, ven.-sam. 12h-2h, dim. 13h-20h.

Situé derrière le marché aux puces (voir p. 93) de la mairie de Frederiksberg, **ce bar est**

connu des amateurs de bière qui se pressent au portillon pour trinquer à la brune importée de Tchéquie (Bohemia Regent) ou d'Allemagne (Moritz Fiege). L'ambiance est à la fête, surtout lors des soirées « jam » et des retransmissions de matchs de foot.

Vesterbro
Visite 11 – p. 30

Cafe Sommersted

Sommerstedgade 2 (C5)
Bus 1A, 10, 14
ou S-tog Dybbølsbro
☎ 33 21 01 60
T. l. j. 16h-5h
Bière : de 25 à 37 Kr.

Ni touristique ni bobo, le Sommersted est un bon exemple de *værtshus* – de **pub à la mode danoise, avec juke-box, billard,** bibelots, barman tatoué et bière à gogo. Vous n'y trouverez pas grand chose à grignoter hormis les chips mais l'humeur est très festive le samedi soir.

Mikkeller

Viktoriagade 8B (C4)
Bus 6A, 10, 14 ou 26
☎ 33 31 04 15
www.mikkeller.dk
Dim.-mer. 14h-minuit, jeu.-ven. 14h-2h, sam. 12h-2h.

Mikkeller n'a rien du rade viril de quartier où l'on vide sa chope d'un trait tout en matant un match sur écran plasma : c'est un **bar moderne et cool,** décoré par l'agence de designers Femmes Régionales (sic !), où vous pourrez déguster la Vesterbrown, la Monks Elixir et autres musts de la **microbrasserie Mikkeller** (voir p. 113 et p. 121). Le tout a été élu meilleur bar à bière de Copenhague en 2012.

1 - Mesteren & Lærlingen
2 - Café Bopa
3 - Gefährlich
4 - Rust

Vega

Enghavevej 40 (B5)
Bus 3A, 10, 14 ou S-tog Enghave
☎ 33 25 70 11
www.vega.dk
Mer.-jeu. 20h-2h,
ven.-sam. 22h-5h
Clubbing : de 0 à 80 Kr
(selon l'heure)
Interdit aux moins de 18 ans.

Le bâtiment vous fait flipper ? Ne vous arrêtez surtout pas à ce détail : avec ses 3 salles de concert, ses 12 bars et son programme très varié, le Vega est **un indémodable du clubbing** qui a déjà accueilli, dans son décor scandinave des années 1950, Björk, Kylie Minogue et Norah Jones ! À l'Ideal Bar, l'ambiance est rock le ven. ; disco et house le sam.

Mesteren & Lærlingen

Flæsketorvet 86 (C5)
Bus 1A, 10, 14
ou S-tog Dybbølsbro
☎ 32 15 24 83
Mer.-jeu. 18h-minuit,
ven.-sam. 18h-2h.

« Le Maître et l'Apprenti » (Mesteren & Lærlingen), tapi au fond du quartier des abattoirs, est un **pub créatif, fumeur, pas prétentieux pour un sou,** qui pratique derrière ses vitres souvent embuées une politique de petits prix et de « pure musique » reggae, soul, etc. grâce à une poignée d'excellents DJs (dont Simon et Rita).

Bakken

Flæsketorvet 19-21 (C5)
Bus 1A, 10, 14
ou S-tog Dybbølsbro
www.bakkenkbh.dk
Ven.-sam. 18h-4h
Entrée : gratuite
Consos à partir de 35 Kr.

À ne pas confondre avec Bakken, le parc d'attractions de Klampenborg ! Même s'il a un

Falernum

Voici **un bar à vin sympa à toute heure,** qui a un décor de bois sombre et le sens du *hygge* (voir p. 109). Une clientèle d'habitués s'y entasse après le travail pour se verser un verre de pinot noir californien ou un barolo du Piémont autour d'une assiette de charcuterie ou d'un plateau de fromages (95 Kr). On peut aussi y dîner, sur réservation.

Værnedamsvej 16 (C4)
Bus 6A, 9A ou 26
☎ 33 22 30 89
www.falernum.dk
Lun.-jeu. 8h-minuit,
ven. 8h-2h, sam. 10h-2h,
dim. 10h-minuit
Vin au verre :
entre 60 et 110 Kr.

petit côté « zoo », ce nouveau spot du quartier des abattoirs est bien **un club** où l'on danse, comme des *sardin-i-dåse* (« sardines en boîte »), sur une bande-son très forte, mixée par les DJs maison : **hip-hop, RnB, techno...** Bonnes vibes.

Nørrebro
Visite 12 – p. 32

Gefährlich

Fælledvej 7 (C3)
Bus 3A ou 5A
☎ 35 24 13 24
www.gefahrlich.dk
Mar.-mer. 17h-minuit,
jeu. 17h-3h, ven.-sam. 17h-4h
Cocktails : de 65 à 85 Kr.

Si les mots *mash-up, glitch* et *IDM* n'ont plus de secret pour vous, faites un saut chez Gefährlich – « dangereux » en allemand – qui combine **bar, club, restau et galerie d'art.** La nourriture peut laisser perplexe, le dancefloor n'est pas très grand mais le tout ravira les **amateurs d'électro et de cocktails** (le *Dark'n stormy* est à base de rhum des Bermudes et d'un soda danois au gingembre).

Malbeck Vinoteria

Birkegade 2 (C2)
Bus 3A ou 5A
☎ 32 21 52 15
www.malbeck.dk
Lun.-jeu. 16h-minuit,
ven.-sam. 16h-1h
Vin au verre : de 60 à 140 Kr.

On connaissait le Malbeck de Vesterbro (Istedgade 61, C5). Voici le Malbeck de Nørrebro : **un agréable bar à vin** stratégiquement situé à l'angle de l'Elmegade, où l'on vient se poser pour laper un verre de merlot de la Napa Valley ou de cabernet sauvignon d'Argentine, assorti de quelques tapas maison. **T. l. j. de 16h à 18h, happy hour !**

Rust

Guldbergsgade 8 (C2)
Bus 3A ou 5A
☎ 35 24 52 00
www.rust.dk
Mer.-sam. 21h-5h
Entrée : de 40 à 60 Kr
(selon les jours).

Plus « intime » – et peut-être moins commercial – que le Vega (p. 114), le Rust est **l'un des meilleurs dance-floors de CPH** et ça se sait : depuis 1989, une foule d'étudiants, d'adeptes du skate et d'habitants du quartier fait la queue pour y chalouper sur une bande-son hip-hop et funk le mercredi, house le jeudi... Les ven.-sam. (électro et rock), l'accès du club est interdit aux moins de 20 ans.

Nørrebro Bryghus

Ryesgade 3 (C2)
Bus 3A ou 5A
☎ 35 30 05 30
www.noerrebrobryghus.dk
Lun.-jeu. 11h-minuit,
ven.-sam. 11h-2h.

Envie de bières... différentes ? Derrière la façade en brique de la **brasserie** d'Anders Kissmeyer (voir p. 121) se cache un **bar à bière** où l'on peut tester la *Bombay pale ale* et la *Ravnsborg rød,* toutes deux **brassées sur place,** ainsi qu'un restau où l'on dîne... à la bière (17h30-22h, jusqu'à 22h30 les ven.-sam.) avec vue plongeante sur les cuves. Le menu est cher (350 Kr) mais la bière est incluse.

The Barking Dog

Sankt Hans Gade 19 (C2)
Bus 3A ou 5A
☎ 35 36 16 00
www.thebarkingdog.dk
Lun.-jeu. 16h-1h, ven.-sam. 16h-2h, dim. 16h-minuit
Cocktails maison : 85 Kr.

Une idée pour commencer la soirée en douceur ? Le « Chien aboyant » ! C'est un **bar discret et relaxant,** idéal pour un tête-à-tête en amoureux : la musique n'a rien de débridé, la carte des cocktails est prometteuse (il y en a même sans alcool !). Et comme il n'a que quelques mois, il n'est pas encore pris d'assaut. Profitez-en ! NB : ici, on appelle *Bienvenidos* un cocktail citron vert, café et mezcal.

Østerbro
Visite 13 – p. 34

Café Bopa

Bopa Plads (D1)
(Løgstørgade 8)
Bus 1A ou 3A
☎ 35 43 05 66
www.cafebopa.dk
Dim.-mer. 10h-minuit,
jeu. 10h-2h, ven.-sam. 10h-5h
Bières : de 29 à 60 Kr.

Le Bopa a un gros atout : le square en face, qu'il annexe dès les premiers rayons de soleil.

On peut alors siroter sous les arbres sa pinte de *Birkebryg* – une bière brassée avec du sirop de bouleau – ou de *Bøgebryg* (avec de l'extrait de hêtre). C'est plaisant, jeune, assez rythmé **(des DJs s'y relaient tous les jeu.-sam. à partir de 23h30).** Pour info, Bopa désignait le mouvement de résistants – Borgerlige Partisaner – qui organisait, pendant la guerre 1939-1945, des actions de sabotage contre les nazis.

Park Café

Østerbrogade 79 (D1)
Bus 1A, 3A, 14 ou 14
☎ 70 33 32 22
www.parkcafe.dk
Ven.-sam. 23h-5h
Entrée : 100 Kr.

Le Park, autre institution depuis 1992, doit son succès auprès des B.C.B.G. à trois ingrédients très simples : une bande-son *mainstream,* d'efficaces DJs (Anders K, Jay Adams...) et une **grande piste de danse.** C'est votre anniversaire ? Sur présentation de votre carte d'identité, vous entrerez gratis et vos amis paieront moitié prix !

Panzón

Rosenvængets Allé 6 (D1)
Bus 1A, 3A, 14 ou 40
☎ 35 38 98 00
www.panzon.dk

Mar.-jeu. 17h-minuit, ven. 16h-2h, sam. 17h-1h
Vin au verre : de 60 à 110 Kr.

Ce bar à vin cosy, gouleyant et convivial est le petit frère de Bibendum (p. 112) et de Falernum (p. 114). On y vient pour prendre l'apéro entre potes, ou comparer les mérites respectifs du Barbera d'Alba et du cabernet du Languedoc. Pour accompagner ces agapes ? Quelques snacks, du saumon (75 Kr) et des huîtres (20 Kr pièce).

JAZZ

Jazzhouse

Niels Hemmingsens Gade 10 (H7)
Bus 1A, 2A, 11A, 26, 40, 66 ou M° Kongens Nytorv
☎ 33 15 47 00
www.jazzhouse.dk
Autour de 130 Kr.

Excellent club où les fans de jazz ont eu l'occasion, par le passé, d'entendre Herbie Hancock, Palle Mikkelborg... Aujourd'hui, on y programme chaque année **près de 250 concerts,** à 20h ou 23h (*natjazz,* les ven.-sam). Billets : sur place, en ligne (www.billetlugen.dk) ou au ☎ 70 26 32 67.

Mojo

Løngangstræde 21C (H7)
Bus 11A ou 14
☎ 33 11 64 53
www.mojo.dk
De... gratuit à 185 Kr.

Bien sûr, il est exigu et terriblement enfumé mais ce **bluesbar est l'un des meilleurs dans sa catégorie.** Vous y entendrez des as du ragtime tel le guitariste Paul Banks, des *bands* talentueux comme le septuor de Thornbjørn Risager dont la voix rappelle celle de Ray Charles...

Kellerdirk

Frederiksberg Allé 102 (B4)
Bus 3A
☎ 33 25 22 53
www.kellerdirk.dk
Lun.-jeu. 12h-20h, ven.-sam. 11h-5h, dim. 12h-20h.

Si vous aimez les impros, consultez le calendrier de ce café situé **près du parc de Frederiksberg** (p. 28). Il s'est récemment ouvert à toutes sortes de musiques (« mambo night », « disco magic », soirée salsa...) mais reste très fidèle au jazz depuis 1996. Les bands s'y produisent en général à partir de 23h30. Excellente ambiance. Bière à partir de 35 Kr ; bourbon-cola à 60 Kr.

Jazzhus Montmartre

Store Regnegade 19A (H6)
Bus 11A ou M° Kongens Nytorv
☎ 70 15 65 65
www.jazzhusmontmartre.dk
Jeu.-sam. 17h30-23h30 (ven. jusqu'à 2h30)
De 275 à 385 Kr.

C'était, dans les années 1960-1975, **l'une des boîtes de jazz les plus mythiques d'Europe du Nord.** En 2010, le pianiste Niels Lan-Doky (voir p. 124) et le journaliste Rune Bech ont pris l'initiative de la relever de ses cendres. Et c'est une vraie réussite ! L'occasion d'entendre Till Brönner à la trompette ou Carsten Dahl au piano.

1 - Panzón
2 - Gefährlich (p. 115)
3 - Rust (p. 115)
4 - Loppen

POP-ROCK ÉLECTRO

Pumpehuset

Studiestræde 52 (G7)
Bus 2A, 5A, 6A, 10, 40, 66 ou S-tog Vesterport
☎ 33 93 19 60
www.pumpehuset.dk
De 100 à 250 Kr.

Ancienne station de pompage (1858) reconvertie en salle de concerts. Elle a connu ses nuits de gloire dans les années 1990, grâce aux mémorables concerts d'Iggy Pop, Björk, Laibach..., et a rouvert ses portes en 2011, au grand plaisir des noctambules du centre-ville, avec, à l'affiche : Amanda Palmer, le heavy metal des Finnois Sonata Arctica et une ambiance toujours aussi survoltée.

Loppen

Sydområdet 4B (E4)
Bus 9A ou M° Christianshavn
☎ 32 57 84 22
www.loppen.dk
De 60 à 160 Kr.

Vous préférez le rock alternatif, les rythmes lourds et les guitares apocalyptiques ? Essayez Loppen ! C'est brut de décoffrage et un chouïa grunge, mais dans le genre, ça tient bien la route (Nirvana y a même fait un crochet !). Les portes ouvrent mer.-sam. (parfois aussi dim.-mar.) à 21h, les concerts débutent à 22h. Pas de carte bancaire.

Stengade

Stengade 18 (C3)
Bus 3A ou 5A
☎ 21 84 74 88
www.stengade.dk
Mar.-dim. à partir de 19h, 20h ou 21h
Entrée : de gratuit à 120 Kr selon les soirs.

Derrière la façade bleu et noir de cette boîte coincée entre deux immeubles de Nørrebro, une assos' dynamique programme près de 250 concerts live par an. Le style ? Punk, hard rock, métal, avec quelques incursions du côté des Balkans et surtout de la scène électro nordique (Anders Trentemøller). C'est expérimental, un peu *vild* (« sauvage ») parfois, mais toujours électrisant.

Plænen

(Tivoli)
Vesterbrogade 3 (G8)
Bus 2A, 5A, 9A, 10, 14, 26, 40, 66 ou S-tog København H
☎ 33 15 10 01
www.fredagsrock.dk
Concerts gratuits ; accès au parc : 95 Kr.

Chaque année, d'avril à sept., Plænen – la scène en plein air de Tivoli – accueille un demi-million de fans de rock pour ses concerts du vendredi soir. Un conseil, donc : venez tôt ! De 19h à 20h, bières et sodas sont à 15 Kr et il reste encore un peu de place sur la pelouse pour écouter à partir de 22h le duo The Raveonettes ou Sort Sol (voir p. 125) !

Concerts, spectacles

CLASSIQUE OPÉRA

Dronningesalen

Søren Kierkegaards Plads 1 (H8)
Bus 9A ou Havnebus 991/992
☎ 33 47 47 47
www.densortediamant.dk
Autour de 145-175 Kr.

Le Diamant noir (Den Sorte Diamant, p. 17) a sa propre salle de concerts : la « salle de la Reine » – un cadre chaleureux, intime, tout en bois d'érable, orné d'un rideau de scène inspiré d'un conte d'Andersen *(La Princesse au petit pois)* – où l'orchestre de la maison (Diamantensemblet) interprète souvent et avec bonheur Haydn, Ravel, Stravinsky...

Koncert Huset

Ørestads Boulevard 13
(HP par E5)
M° DR-Byen
☎ 35 20 62 62
www.dr.dk/Koncerthuset
De 75 à 480 Kr.

Émergeant de la plaine d'Amager, ce colossal cube recouvert d'un voile bleu nuit a suscité de vives polémiques (son prix surtout !). Pourtant, l'amphithéâtre de 1 800 places que Jean Nouvel y a conçu, avec la collaboration de Yasuhisa Toyota, est une splendeur. On dit que son acoustique arrache des larmes aux musiciens de l'Orchestre symphonique national. À l'affiche : Grieg, Rakhmaninov, Strauss et... un orgue de 6 144 tuyaux !

Opéra

Operahus
Ekvipagemestervej 10 (F3)
Bus 9A, Havnebus 991/992 ou 993
☎ 33 69 69 69
www.kglteater.dk
De 95 à 895 Kr.

Ses détracteurs ont beau le surnommer « le grille-pain », l'Opéra de Copenhague (Operahus) n'en est pas moins le haut lieu de l'art lyrique en Scandinavie. Bâti par Henning Larsen (2005) dans l'axe de la Marmorkirke (p. 22), il compte 1 700 places, 14 étages – décorés entre autres par Per Kirkeby et Olafur Eliasson – et déjà plusieurs chefs-d'œuvre à son actif. À suivre de près : les mises en scène des opéras de Wagner, les compositeurs Poul Ruders et Bo Holten...

1 - Grønnegårds Teatret
2 - Skuespilhuset
3 - Det danske Filminstitut (p. 123)

THÉATRE BALLET/DANSE

Skuespilhuset

Sankt Annæ Plads 36 (E3)
Bus 11A, 66 ou Havnebus 991/992
☎ 33 69 69 69
www.kglteater.dk
Billet : de 75 à 495 Kr.

Le superbe auditorium qu'ont bâti, face au port, en 2008, les architectes Lundgaard & Tranberg (voir p. 62) voit se succéder – en danois mais pas toujours – le meilleur de Tchekhov, Ibsen, Shakespeare ou Molière. Le jeu des acteurs est magistral et certains ne vous sont peut-être pas inconnus : la saison dernière, Jens Albinus (vu dans *Les Idiots* de Lars von Trier) était sur scène aux côtés de Sofie Gråbøl pour *Fanny et Alexandre* d'Ingmar Bergman.

Hofteatret

Christiansborg Ridebane 10-18 (H8)
Bus 1A, 2A, 11A, 26, 40, 66 ou Havnebus 991/992
☎ 33 11 51 76
www.teatermuseet.dk
Billet : 210 Kr.

Autre scène intéressante : le **délicieux Théâtre de la Cour** conçu par Nicolas-Henri Jardin en 1766 et redécoré en rouge cramoisi à l'époque romantique. C'est aujourd'hui un musée (mar.-jeu. 11h-15h, sam. et dim. 13h-16h) mais on y programme de temps à autre – à 20h (lun.-ven.) ou 17h (sam.-dim.) – des lectures, des concerts et des one-man-shows : des extraits du *Voyage souterrain de Niels Klim* de Ludvig Holberg, des contes de H. C. Andersen…

Grønnegårds Teatret

Bredgade 66 (I6)
Bus 1A
☎ 33 32 70 23
www.groennegaard.dk
Billet : de 240 à 310 Kr.

Chaque été, cette compagnie qui a fêté ses 30 ans en 2012 joue **en plein air** des **pièces de Beaumarchais, Goldoni, Holberg, Marivaux et Molière.** Soit dans le jardin du Design Museum Danmark (Bredgade 68, p. 22), soit dans le jardin du palais Odd Fellow (Bredgade 28). En danois dans les deux cas, mais Lars Mikkelsen en Tartuffe est épatant et le jardin ouvre dès 17h30 pour que l'on puisse y pique-niquer avant la représentation !

Republique

Østerfælled Torv 34 (D1)
Bus 1A
☎ 70 20 10 31
www.republique.dk
Billetterie : lun.-ven. 14h-18h
Billet : de 200 à 295 Kr.

Ici, la barrière de la langue est plus facile à franchir : **ce théâtre se veut « visuel » avant tout !** À l'affiche, chaque saison : des performances en anglais et des spectacles du collectif québécois *Les 7 doigts de la main*, riches en effets spéciaux et en acrobaties.

Gamle Scene

Kongens Nytorv (I7)
Bus 1A, 11A, 26 ou M° Kongens Nytorv
☎ 33 69 69 69
www.kglteater.dk
Billet : de 95 à 595 Kr.

Le Théâtre royal (Det Kongelige Teater), édifié en 1874 par Vilhelm Dahlerup dans le goût Renaissance, est aujourd'hui **le « QG » du Ballet royal (Kongelige Ballet),** vénérable compagnie, fidèle au plus illustre de ses maîtres (August Bournonville, 1805-1879), qui exécute les classiques avec une belle virtuosité et invite chaque saison des chorégraphes étrangers : Angelin Preljocaj, Jiri Kylian…

Dansehallerne

Pasteursvej 20 (B5)
Bus 1A, 10, 14 ou S-tog Enghave
☎ 33 88 80 08
www.dansehallerne.dk
Billet : de 130 à 210 Kr.

L'usine où Carlsberg embouteillait son eau minérale ne donne ni dans l'entrechat ni dans le pas de deux mais dans la **danse ultra-contemporaine** : sur les deux scènes (« Grand Carl » et « Petit Carl ») se produisent des troupes très pro comme *Nyt Dansk Danse Teater* (NDDT), dirigée depuis 2001 par Tim Rushton, ou l'énergique *Uppercut Danseteater*, qui assure en breakdance.

COMÉDIE MUSICALE

Det Ny Teater

Gammel Kongevej 29 (C4)
Bus 6A, 9A ou 26
☎ 33 25 50 75
www.detnyteater.dk
Billetterie : lun.-mar. 12h-18h, mer.-jeu. 12h-19h30, ven.-sam. 12h-20h, dim. 12h-15h
Prix des places : de 234 à 564 Kr
Suppl. les ven.-sam. : 49-69 Kr.

Le « Nouveau Théâtre » n'est plus si nouveau (1908 !) mais il est **le spécialiste incontesté du music-hall.** De *My fair Lady* à *Singin' in the rain*, il enchaîne les succès : *Le Fantôme de l'Opéra* (version Andrew Lloyd Webber) fut longtemps n° 1 au box-office.

Et si on se faisait une toile ?

Court-métrage ou blockbuster ? Voici les salles les plus chouettes de CPH ! Le prix du billet ? De 65 à 95 Kr.

- **Cinemateket (Gothersgade 55, H6, Bus 11A ou M° Nørreport, ☎ 33 74 34 12, www.cinemateket.dk).** Chaque mois, 60 films en v.o. sous-titrés en anglais et des séances *Danish on a Sunday*.
- **Gloria (Rådhuspladsen 59, G7, Bus 14 ou 26, ☎ 33 12 42 92, www.gloria.dk).** Films primés aux festivals européens.
- **Grand Teatret (Mikkel Bryggers Gade 8, G7, Bus 14 ou 26, ☎ 33 15 16 11, www.grandteatret.dk).** Meilleur cinéma d'Europe en 2006.
- **Empire Bio (Guldbergsgade 29, C2, Bus 5A, ☎ 35 36 00 36, www.empirebio.dk).** Le temple du film à succès. Les derniers rangs sont dotés de sièges pour deux.

Brunes, blondes et… *gløgg*

Bonne nouvelle pour les amateurs de bière qui visitent Copenhague : il y a un seul mot magique à connaître – *øl* – mais 7 000 sortes d'*øl* sur le marché ! Sans oublier les « spéciales » que les brasseurs éditent en mars *(påske)* et en novembre *(snebajer)*. On consomme ici 453 millions de litres de bière soit, en moyenne, 80 l par habitant ! Un score qui mérite bien un « zoom » sur les marques les plus réputées et sur les petits nouveaux qui percent…

L'empire Carlsberg

Difficile, au Danemark, d'ignorer le nom de cette brasserie – la quatrième du monde ! – fondée en 1847 par **Jacob Christian Jacobsen.** Avant lui, les Danois buvaient des bières blanches très inégales. Jacobsen a su tirer parti des recherches de Pasteur et de la découverte d'une levure essentielle à la fermentation, *saccharomyces,* pour créer une bière de qualité constante. **Son fils Carl,** brasseur et mécène comme lui (voir p. 11), élaborera en 1881 des procédés encore plus novateurs dans une usine moderne – **Ny Carlsberg (« Nouveau Carlsberg »** – voir p. 28) – qui lui assurent des ventes substantielles. Sa Carlsberg est élue, en 1904, bière officielle de la Cour et le graphiste Bindesbøll lui dessine une étiquette à la fleur de houblon et à la trompe d'éléphant,

allusion aux pachydermes qui gardent l'entrée de l'entreprise. En 1970, Carlsberg rachète sa grande rivale, **Tuborg,** fondée en 1875. Depuis, le succès est phénoménal : l'an passé, 31 milliards de bouteilles ont été vendues dans 140 pays !

Vive les microbrasseurs !

Pourtant, le goût assez aseptisé de ses *pilsner* (4,6°) et *dark lager* (5,8°) peut décevoir les vrais amateurs. Qu'ils ne désespèrent pas ! Ces vingt dernières années, des brasseurs de province ont lancé des bières moins « standard », écologiques (comme la ***Thy Økologisk Humle)***, et des microbrasseries se sont spécialisées dans la production de bonnes bières à petite échelle, comme la Nørrebro Bryghus (p. 115), fondée par Anders Kissmeyer (un ancien de Carlsberg). Chaque mois, entre 10 000 et 20 000 litres de bière sortent de ses cuves, les premières au Danemark à afficher un bilan carbone neutre. On peut aussi tester les breuvages, longtemps confidentiels, de deux autodidactes, Mikkel & Keller : ils figurent désormais sur la carte de leur bar Mikkeller (p. 113) et sur celle de restaurants gourmets comme Noma (p. 79). Autre label à découvrir : **Amager Bryghus,** établie dans l'île d'Amager et élue meilleure brasserie 2011. Ses bières, ni pasteurisées ni filtrées, ont beaucoup d'arôme : un parfum de pêche et d'aiguilles de pin pour la ***Christianshavn,*** proche des *pale ale* américaines, et un petit goût de mangue, fruit de la passion et carambole pour la ***Dragør*** (9 %), qui rappelle assez les triples belges. Voir aussi Charlie's

(p. 110), Café Svejk (p. 113) ou le Café Bopa (p. 115).

L'akvavit

Sans lui, le rituel du *smørrebrød* (voir p. 79) ou du déjeuner de Noël serait incomplet. Lui ? C'est l'autre boisson nationale : l'*akvavit* – du latin *aqua vitae,* « eau de vie » – que l'on appelle aussi *snaps.* Certains y voient un remède pour faciliter la digestion ou se prémunir du rhume. En 1800, il existait 2 500 distilleries officielles d'*akvavit* au Danemark (dont 273 à Copenhague !). La plupart ont été rachetées à la fin du XIXe s. par **De Danske Spritfabrikker** qui produit aujourd'hui sous le nom d'***Aalborg,*** à partir de la distillation des pommes de terre, quatorze variantes, parfumées aux graines de carvi, aneth et coriandre. La plus robuste est la ***Jule Akvavit*** à 47°, que l'on consomme glacée à Noël. La plus populaire est la ***Taffel*** dite ***Rød Aalborg,*** lancée par Isidor Henius en 1846 (voir Juuls p. 102).

Vin chaud : LA recette

Ingrédient incontournable de l'hiver scandinave, le vin chaud – *gløgg* en danois – est ultra-facile à préparer. Les paresseux le trouveront *ready-made* chez Hviid (p. 111) : il suffit de le réchauffer.
Vous préférez le faire vous-même ? Il vous faut : 1 bouteille de vin rouge, 1 bâton de cannelle, 100 g de sucre de canne, 5 clous de girofle, 2 morceaux de gingembre, 10 grains de cardamome, des zestes d'orange et 5 cl de rhum. La veille, faites chauffer le tout dans une casserole pendant 10 min, sans porter à ébullition. Laissez macérer durant la nuit. Le jour même, réchauffez 20 min à feu doux. Filtrez et ajoutez, avant de servir, des raisins secs (50 g) et des amandes (50 g) !

Films culte

Personne, en 2007, n'aurait parié sur le succès international d'un polar en vingt épisodes tournés de nuit, sous la pluie et… en danois. Et pourtant, *The Killing (Forbrydelsen)* a fait exploser l'audimat dès la saison 1 ! Un cas unique ? Pas vraiment : ces dernières années, les films produits à Copenhague s'exportent plutôt bien. Petit rappel des grands noms du cinéma danois, dont les audaces offusquent parfois mais ne laissent jamais indifférent…

Le grand Dreyer

La création, en 1906, de la **Nordisk Films Kompagni** a propulsé le Danemark au rang des pionniers du muet : sept ans plus tard, elle produisait déjà des centaines de films – presque autant que Pathé – et employait à elle seule 1 700 personnes.
Dont **Carl Th. Dreyer** (1889-1968), qui y fit ses débuts comme scénariste et qui inventa un style d'une extrême sensibilité pour dépeindre les tourments de ses personnages : des cadrages stylisés, des plans très rapprochés sur la souffrance des visages, des décors réduits à l'essentiel… Ses chefs-d'œuvre ? *La Passion de Jeanne d'Arc,* tourné en France, et *Ordet,* qui lui valut en 1955 un Lion d'or à Venise.

Bille August et Gabriel Axel

Il faut attendre les années 1970 (et les généreuses subventions du **Filminstitut,** p. 123) pour que le cinéma danois trouve un second souffle. Les réalisateurs les plus doués de cette décennie-là – **Grønlykke, Carlsen et Leth** – n'ont pas eu de notoriété internationale mais deux noms finissent par crever l'écran en 1987 : **Bille August** et **Gabriel Axel.** Le premier décroche la Palme d'or à Cannes avec *Pelle le Conquérant* : ce film inspiré d'un long roman de Martin A. Nexø dépeint l'histoire d'un fermier veuf et de son fils de huit ans, Pelle, qui espèrent trouver à Copenhague une vie meilleure que dans leur île natale. Le second est couronné par Hollywood pour *Le Festin de Babette,* un film adapté d'une nouvelle de **Blixen** (voir p. 61), où Stéphane Audran joue le rôle d'une cuisinière française qui sacrifie l'argent qu'elle a gagné à la loterie pour préparer à tout

Det danske Filminstitut

Le rez-de-chaussée du Filminstitut est un bon filon pour les cinéphiles : ils y trouveront un choix de long-métrages des réalisateurs Bille August, Gabriel Axel, Susanne Bier, Lars von Trier et il y a même en DVD tout l'âge d'or du cinéma muet danois ! Comptez 89 Kr pour *Det var engang* (« Il était une fois ») de Carl Dreyer.

Gothersgade 55 (H6)
Bus 11A ou M° Nørreport
☎ 33 74 34 21 – www.dfi.dk
Mar.-ven. 9h30-22h, sam. 12h-22h, dim. 12h-19h30.

un village ultra-puritain du Jutland un mémorable banquet.

La nouvelle génération

En 1998, deux films très éloignés de l'image policée et *hyggelig* que l'on peut avoir du Danemark (!) font une entrée fracassante en salles : *Idioterne* (« Les Idiots ») de Lars von Trier, né en 1956, et *Festen* de Thomas Vinterberg, né en 1969. Tous deux obéissent à un code particulier : **le Dogme,** qu'ils ont inventé trois ans plus tôt en réaction aux superproductions anglo-saxonnes et à l'abus d'effets spéciaux. Les scènes, souvent improvisées, sont tournées caméra à l'épaule, avec prise de son en direct. Depuis, les Danois ne cessent de se faire remarquer dans les festivals : le dernier opus de Trier *(Melancholia,* avec Charlotte Gainsbourg et Kirsten Dunst), a époustouflé Cannes en 2011 par ses visions cosmiques. En 2012, Susanne

Bier, née en 1960, a enchanté la Mostra de Venise avec sa comédie tout en nuances *(Love is all you need),* tournée avec Pierce Brosnan. Et Tobias Lindholm, né en 1977, a raflé en 2013 quatre prix et quinze nominations pour *Hijacking,* l'histoire d'un équipage danois retenu en otage par des pirates somaliens.

Le succès des séries TV

Après la saison 1 de ***Forbrydelsen*** où le détective Sarah Lund alias Sofie Gråbøl devait élucider le meurtre de la jeune Nanna Birk Larsen sur fond de campagne électorale (Lars Mikkelsen y jouait le rôle du principal candidat à la mairie de Copenhague), une autre série a cartonné sur le petit écran : ***Borgen,*** qui plonge au cœur des coulisses du pouvoir et dans la vie d'une femme Premier ministre, brillamment incarnée par l'actrice Sidse Babette Knudsen. Cette fiction, aujourd'hui diffusée du Brésil au Japon, semble avoir influé sur le cours de la vie réelle : en 2011, le Danemark a élu pour la première fois une femme à la tête du… Château (voir p. 59).

Dix films à (re)voir

- 1987 : *Le Festin de Babette,* de Gabriel Axel
- 1987 : *Pelle le Conquérant,* de Bille August
- 1994 : *Le Royaume (Riget),* de Lars von Trier
- 1996 : *Breaking the waves,* de Lars von Trier
- 1998 : *Festen,* de Thomas Vinterberg
- 1999 : *Mifune,* de Søren Kragh-Jacobsen
- 2006 : *After the wedding,* de Susanne Bier
- 2008 : *Les Soldats de l'Ombre (Flammen og Citronen),* d'Ole Christian Madsen
- 2011 : *Melancholia,* de Lars von Trier
- 2012 : *La Chasse (Jagten),* de Thomas Vinterberg.

Et si vous avez envie de vous faire un ciné à Copenhague, rendez-vous p. 119.

Free jazz, rock ou électro ?

Savez-vous qu'il y a, à Copenhague, deux festivals entièrement voués au jazz, le Jazz Festival et l'Autumn Jazz ? Que Lars Ulrich, le batteur et cofondateur du groupe Metallica, est danois ? Tout comme *Barbie Girl,* le tube planétaire du popband Aqua ? Gros plan sur une scène bien plus riche en sons qu'on ne l'imagine !

Les classiques du répertoire

Trois noms reviennent très souvent sur les programmes des concerts : Dietrich Buxtehude (1637-1707), qui fut organiste à Elseneur ; C. E. F. Weyse (1774-1842), qui a donné au Danemark des mélodies d'un romantisme absolu, les « Chants du matin et du soir » *(Morgen og Aftensange,* 1838) ; et Carl Nielsen (1865-1931), promu en 1908 chef d'orchestre du Théâtre royal. Bien sûr, il n'est pas aussi renommé, « à l'international », que le Norvégien Grieg ou le Finlandais Sibelius – ses confrères scandinaves – mais il nous a laissé six symphonies assez... expérimentales qui frappent par leur impétuosité. En particulier les 4e, 5e et 6e composées entre 1914 et 1925. Écoutez-les : ça déménage !

Le goût du jazz

Depuis 1925 (année de la tournée à Copenhague du pianiste américain Sam Wooding et de son band), le Danemark vit aussi au rythme du swing : le chef d'orchestre Erik Tuxen (1902-1957) dirigea, dans les années qui suivirent, les premiers concerts de jazz danois. Et vers 1960, le public du **club Montmartre** (p. 116) réserva un accueil si chaleureux aux saxos et bassistes américains que plusieurs vedettes finirent par s'établir en ville et par inspirer les jazzmen locaux : le batteur Alex Riel, le trompettiste Palle Mikkelborg, les bassistes NHØP et Max Vinding, qui faisaient encore les beaux soirs de Copenhague dans les années 2000. Depuis, plusieurs musiciens très talentueux ont pris leur relève : Jesper Lundgaard (né en 1954), Niels Lan Doky (1963), Carsten Dahl

(1967)... Ils se produisent un peu partout : au **Montmartre** (p. 116), au **Jazz Festival** (voir p. 4), à bord des **bateaux de Canal Tours** (voir p. 130), dans le parc de **Tivoli** (voir p. 10), au **Hofteatret** (p. 119), au **Louisiana** (voir p. 39)...

Du « barbelé » à Gasolin'

Mais le jazz a tout de même laissé un peu de place

à d'autres courants musicaux : au « style barbelé » d'abord (l'équivalent de notre « yéyé » des années 1960, où les groupes s'habillaient et chantaient façon Beatles) ; au punk, bien sûr, avec Martin Hall, né en 1963, et son inclassable « Ballet mécanique ». Au rap aussi, avec MC Einar ou Østkyst Hustlers, encore inspirés par le hip-hop américain. Au rock, surtout : le groupe Gasolin', lancé à Christianshavn, s'est imposé dès 1969 par ses textes crus et faciles à retenir. Et cela marche encore : Kim Larsen, ex de Gasolin', connaît avec son album *Midt om natten* (« En pleine nuit ») les plus fortes ventes jamais enregistrées au Danemark !

Têtes d'affiche

Aujourd'hui, la scène rock a pour nouvelles têtes d'affiche Sort Sol (« Soleil noir »), Savage Rose, le trio Dizzy Mizz Lizzy, Mew et l'excellent Kashmir (fondé en 1991), qui trouve parfois le temps, entre deux tournées, de jouer dans le parc de Frederiksberg. Côté pop, c'est Geronimo d'Aura Dione, souvent qualifiée de « Rihanna danoise », qui caracole en tête des singles mais on peut lui préférer *White Nights* de Nanna Øland Fabricius (2011) ou *Fascination* d'Alphabeat, qui fut le hit de l'année 2008. Le rayon électro réserve aussi quelques vraies pépites, comme Quadron (Slippin) ou le duo Morten Hampenberg & Alexander Brown, élu meilleur DJ du Danemark pour la 4e année consécutive. Vous aurez peut-être la chance de l'écouter en club ou au **Vega** (p. 114) : il fait un tabac avec *I Want you et You're a Star.* **Pour des sorties dansantes et musicales, voir toutes nos adresses p. 110-117.**

Rock à Roskilde

Chaque année, plus de 120 000 fans se retrouvent à Roskilde pour l'un des plus grands festivals européens de rock et de pop. Un événement très convivial, haut en couleurs et éclectique en diable : les six scènes accueillent, huit jours durant, quelque cent cinquante groupes ! Des stars du rock danois bien sûr, comme The Raveonettes ou Dizzy Mizz Lizzy, mais aussi des têtes d'affiche internationales : s'y sont relayés depuis 1971 Bob Marley, Lou Reed, The Cure, Iron Maiden...

www.roskilde-festival.dk
Tarif : 950 Kr/j ; 1 890 Kr/sem.

Bang & Olufsen

Et pourquoi pas une paire d'écouteurs design pour votre iPod ? L'entreprise danoise B&O, fondée en 1925 et championne du son hifi, s'est récemment lancée dans la téléphonie et le multimédia mobiles mais elle fait toujours appel aux meilleurs designers : c'est Cecilie Manz, par exemple (voir p. 105), qui a conçu le génial *Beolit 12*. De belles émotions acoustiques à partir de 845 Kr.

Kongens Nytorv 26 (I7) – Bus 1A, 11A, 26 ou M° Kongens Nytorv
☎ 33 11 14 15 – www.bang-olufsen.com
Lun.-jeu. 10h-18h, ven. 10h-19h, sam. 10h-16h.

Carnet pratique

Sur les cartes du chapitre Visiter, ces symboles signalent les adresses

000	000	000
Où manger	Shopping	Sortir

Ils donnent le numéro de la page où vous pourrez lire la description détaillée de chaque établissement.

Quand partir ?

Le Danemark est le plus doux des pays nordiques. La meilleure période pour y passer quelques jours ? De mai à mi-septembre. Mai est le mois le moins pluvieux.
En juin, le soleil se couche après 22h pour que vous puissiez profiter au maximum de votre week-end. En juillet, la capitale est désertée par ses habitants – l'école reprend vers le 9 août – mais les températures sont agréables : 23 °C tout au plus, avec des nuits fraîches et une eau de mer à 19 °C. L'hiver réserve des paysages enneigés et féeriques. Dommage qu'il soit longuet : en décembre, le soleil se couche dès 15h30 !
Météo sur **www.dmi.dk**

SE RENSEIGNER AVANT DE PARTIR

- **Tourisme au Danemark :** www.visitdenmark.com
- **Tourisme à Copenhague :** www.visitcopenhagen.dk
- **L'ambassade du Danemark :** 77, avenue Marceau, 75116 Paris ☎ 01 44 31 21 21 – www.frankrig.um.dk
- **La Maison du Danemark :** 142, avenue des Champs-Élysées, 75008 Paris ☎ 01 56 59 17 40 www.maisondudanemark.dk

Pour y aller

EN AVION

• Air France

La compagnie propose plusieurs vols quotidiens au départ de Paris-CDG à destination de Copenhague. Durée : 1h50. Les tarifs varient beaucoup en fonction des disponibilités. Hors saison, les meilleurs prix tournent autour de 99 € l'aller-retour.
Renseignements et réservation :
☎ 36 54 ou www.airfrance.fr

• SAS

La compagnie scandinave assure plusieurs vols directs entre Copenhague et Paris-CDG, Nice, Biarritz (l'été), Bruxelles et Genève. Tarifs sensiblement plus élevés.
Renseignements et réservation : ☎ 0825 325 335 ou www.flysas.fr

• Easy-Jet et Norwegian

Ces deux compagnies low-cost affichent des prix attractifs. Pour en bénéficier, il faut toutefois réserver longtemps à l'avance. **Easy-Jet** dessert Copenhague au départ de Paris-CDG et Bâle-Mulhouse. **Norwegian** relie Copenhague à Paris-Orly, Nice, ainsi que Montpellier et Bordeaux (l'été).
Renseignements et réservation : www.easyjet.com et www.norwegian.no

• Voyage-sncf.com

Première agence de voyages sur Internet, accessible 24h/24 et 7j/7, vous propose ses meilleurs prix sur les billets de train et d'avion, chambres d'hôtel, location de voiture, séjours clés en main ou Alacarte®. Vous avez également accès à des services exclusifs : l'envoi gratuit des billets à domicile, Alerte Résa pour être informé de l'ouverture des réservations, le calendrier des meilleurs prix, mais aussi des offres de dernière minute, de nombreuses promotions…

Dormir à Copenhague

QUEL QUARTIER ?

Le meilleur pied-à-terre, pour arpenter Copenhague et profiter de vos soirées, reste **la ville intérieure** *(Indre by)*. Vous y trouverez aussi bien des hôtels chic – autour de Rådhuspladsen, Krystalgade… – que des 3 et 4-étoiles (au S.-E. de Kongens Nytorv, par exemple). Les adresses les plus abordables sont traditionnellement situées dans le faubourg de **Vesterbro,** à l'ouest de la Gare centrale.

CLASSIFICATION

Les hôtels danois sont classés de 0 à 5 étoiles en fonction de 260 critères (www.horesta.dk) similaires à ceux en usage dans les autres pays d'Europe du Nord. Cela vaut aussi pour les nombreux hôtels design – un design qui, à Copenhague, n'est pas l'apanage des seuls 5-étoiles : l'intérieur de **l'auberge de jeunesse Copenhagen City** (H. C. Andersens Boulevard 50 ; H8 ; ☎ 33 11 85 85 ; www.danhostel.dk ; double avec sdb : de 425 à 610 Kr) a été pensé par Gubi. Plusieurs établissements ont l'écolabel Clé Verte : c'est le cas des hôtels de la chaîne Guldsmeden (Axel, p. 135).

BONS PLANS INTERNET

Les offres spéciales sont fréquentes sur Internet : certains hôtels branchés, où les doubles frisent normalement les 3 000 Kr, affichent, en mai, jusqu'à 40 % de réduction sur un séjour en juillet. C'est le cas de l'excellent Sankt Petri (Krystalgade 22, G7, ☎ 33 45 91 00, www.firsthotels.com).
Pour bénéficier du meilleur tarif, consultez d'abord le site de l'hôtel choisi, faites une simulation sur son « calendrier des prix » puis comparez avec les sites suivants :
www.trivago.fr
www.hotels.com
www.booking.com

TARIFS

Les prix varient en fonction du jour de la semaine et du taux de remplissage. Pour une nuit dans un 3-étoiles, comptez 1 300 Kr la double standard, petit déjeuner inclus. Vous voyagez seul(e) ? Certains hôtels pratiquent des prix intéressants : au **Vesterbro,** près de la Gare centrale (Vesterbrogade 23-29, C4, ☎ 33 78 80 00, www.firsthotels.dk), la single est facturée 695 Kr (la double, de 1 500 à 2 540 Kr).

RÉSERVATION

Réservez longtemps à l'avance. Si vous n'êtes pas sûr(e) de vos dates, évitez les promos trop alléchantes : elles sont souvent soumises à conditions. Dans les hôtels Arp-Hansen, par exemple, la réservation d'une chambre pré-payée à 890 Kr n'est ni modifiable ni remboursable (www.arp-hansen.com).
Vous n'avez pas réservé ? Tentez votre chance à l'office de tourisme (p. 130).

Retrouvez notre sélection d'adresses p. 134.

Se déplacer

DE L'AÉROPORT AU CENTRE-VILLE

L'aéroport *(lufthavnen)* de Copenhague, connu sous le nom de Copenhagen Airport ou Kastrup, est situé à 10 km au S.-E. de la capitale. Il suffit de 14 minutes et d'un ticket « 3 zones » pour rallier le centre-ville en métro ou en train. Le ticket, valable pour le métro comme pour le train, coûte 36 Kr et s'achète au guichet DSB du terminal 3 (les distributeurs acceptent pièces et cartes bancaires).

En métro

Votre hôtel se situe du côté de Christianshavn, Kongens Nytorv, Nørreport ou Frederiksberg ? Optez pour le métro (M2) qui relie l'aéroport au centre toutes les 4 ou 6 min. On accède au métro par l'escalator ou l'ascenseur situé au fond du terminal 3, juste après le guichet DSB.

En train

Votre hôtel se situe du côté de Vesterbro, la Gare centrale ou Østerport ? Optez pour le train (Regionaltog ou Øresund) qui relie l'aéroport au centre *via* Tårnby et Ørestad toutes les 10 min (toutes les heures de minuit à 3h). Le quai est sous le terminal 3.

En taxi

Comptez autour de 250 Kr pour vous rendre en taxi de l'aéroport au centre-ville. Durée du trajet : 15-20 min.

SUR PLACE

Lire la carte

La carte vous paraîtra tout de suite plus claire lorsque vous saurez que ***gade* signifie « rue » ; *stræde*, « ruelle » ; *allé*, « allée » ; *plads*, « place » ; *park*, « parc » ; *have*, « jardin » ; *havn*, « port » et *sø*, « lac ».** Certains noms se ressemblent assez : soyez attentif ! Kronprinsensgade et Kronprinsessegade sont deux rues très différentes !

Titres de transport

Les régies des métros, bus, trains et bateaux du Grand Copenhague ont les mêmes billets et les mêmes tarifs. **Le réseau est simplement divisé en *zoner*.**
On compte 2 zones pour circuler dans le centre, 3 zones pour se rendre à l'aéroport, 4 zones pour Klampenborg et 5 pour Sorgenfri… Il vous faut donc choisir vos titres de transport en fonction du nombre de zones et de la fréquence de vos déplacements. Ne voyagez pas sans : il vous en coûterait 750 Kr ! Les enfants de moins de 12 ans, accompagnés d'un adulte, voyagent gratuitement. Les 12-16 ans bénéficient d'un tarif réduit. Les billets s'achètent à l'aéroport, dans les gares, les stations de métro, les kiosques et sur www.1415.dk. Des plans du réseau sont disponibles dans la plupart des stations.

- **Enkeltbillet :** billet à l'unité (24 Kr pour 2 zones, 36 Kr pour 3 zones), valable 1h. Se composte.
- **Klippekort :** forfait pour 10 trajets (plus avantageux : 150 Kr pour 2 zones, 200 Kr pour 3 zones), qui se composte autant de fois qu'il y a de passagers.
- **City Pass :** forfait pour une personne, donnant un accès illimité à tous les transports publics pendant 24h (75 Kr) ou 72h (190 Kr) à l'intérieur des zones 1, 2, 3 et 4.
- **24-timers billet :** billet à 130 Kr, valable pendant 24h dans toutes les zones du Grand Copenhague (de Helsingør au nord à Roskilde à l'ouest et Køge au sud).

PENSEZ-Y !

• FORMALITÉS

Les ressortissants des pays membres de l'Union européenne et de la Confédération helvétique, y compris les mineurs de moins de 16 ans, doivent être en possession d'une carte d'identité ou d'un passeport valide. Pour les citoyens des autres pays, un visa peut être exigé. En cas de doute, renseignez-vous auprès du consulat du Danemark : **www.frankrig.um.dk**

• SANTÉ

Vous suivez un traitement ? Songez à emporter suffisamment de médicaments : il n'est pas sûr que vous retrouviez les mêmes à CPH. Pensez aussi, avant de partir, à demander à votre Caisse d'assurance maladie la Carte européenne : en cas d'urgence, vous pourrez recevoir durant votre séjour au Danemark une aide médicale gratuite (ou remboursable à votre retour).

• DOUANE

Vous venez d'un pays membre de l'UE ?
Si vos achats sont réservés à un usage personnel, vous n'avez pas à les déclarer ni à payer de taxes. Vous êtes seulement tenu(e) de déclarer à votre arrivée au Danemark ou à votre retour en France les sommes d'un montant égal ou supérieur à 10 000 € (ou leur équivalent en devises).
Renseignements complémentaires : www.douane.gouv.fr ; www.skat.dk

• **CPH Card :** *pass* valable 24, 48, 72 ou 120 h pour tous les transports et 75 musées. Avantageux s'il est utilisé à haute dose, il s'achète à l'aéroport, à l'office de tourisme, dans plusieurs hôtels et en ligne (voir p. 130).

Le métro

Service clientèle (Kundecenter) : ☎ 70 15 16 15 (lun.-ven. 8h-16h) – www.m.dk
Le réseau est constitué de 2 lignes automatisées qui desservent 22 stations, 24h/24, toutes les 2-6 min le jour (8-20 min la nuit). La M1 circule entre Vanløse (au nord-ouest) et Vestamager (au sud) ; la M2, entre Vanløse et l'aéroport (Lufthavnen).
À ces deux lignes, qui s'arrêtent toutes deux à Nørreport, Kongens Nytorv et Christianshavn, s'ajouteront en 2018 deux autres lignes, les M3 et M4 qui desserviront la Gare centrale, ainsi que les quartiers de Frederiksstaden, Østerbro et Nørrebro.
• **Objets perdus :** ils sont conservés 10 jours en station puis remis au *Hittegodskontor* de la police (☎ 38 74 88 22).

Le S-tog

Service clientèle (Kundecenter) : ☎ 24 68 30 30, ☎ 70 13 14 15 ou ☎ 33 14 17 01 (t. l. j. 6h30-23h) www.dsb.dk/s-tog
Le réseau express régional – l'équivalent de la S-Bahn allemande – dessert 84 stations du Grand Copenhague. Il comprend 7 lignes, identifiées par des lettres (A, B, Bx, C, E, F, H), qui circulent de 5h à 0h30 et assurent, pour quatre d'entre elles, un service continu durant les nuits de vendredi et samedi. Horaires complets au format PDF sur : www.dsb.dk/find-og-kob/indland/koreplaner/s-togs-samlede-koreplaner/

Le bus

Service clientèle (Kundecenter) : ☎ 36 13 14 15 (lun.-ven. 7h-21h30, w.-e. 8h-21h30) – www.moviatrafik.dk
Ils sont jaunes et très utiles pour sillonner les faubourgs : le 14 relie Frederiksberg à Østerbro *via* Nørreport, le 10 vous évite d'arpenter l'Istedgade. Les bus A – les plus fréquents – circulent toutes les 3-7 min aux heures de pointe. Les bus S, comme le 350S qui vous dépose à Dragør, sont les plus rapides mais ne s'arrêtent pas partout. Les bus N, comme le 81N bien connu des noctambules de Nørrebro, circulent toutes les nuits de 1h à 5h. Le 11A est un bus électrique qui dessert tous les sites majeurs de la « ville intérieure » : Tivoli, Glyptotek, Musée national, Kongens Have, Nyhavn. Il circule lun.-ven. 7h-minuit, sam. 10h-minuit, dim. 11h-minuit.
Vous ignorez le nom précis de votre arrêt ? Montrez l'adresse au chauffeur : il se fera un plaisir de vous renseigner !

Le bateau

Service clientèle (Kundecenter) : ☎ 36 13 14 15 (lun.-ven. 7h-21h30, w.-e. 8h-21h30) – www.moviatrafik.dk
On appelle *havnebus* le bateau-bus qui relie les deux rives du port : la ligne Refshaleøen et Teglholmen *via* l'Opéra, Nyhavn et le Diamant noir porte le n° 991 dans le sens nord-sud, et 992 dans le sens sud-nord. La 993 assure la liaison entre Nyhavn et l'Opéra, toutes les 20 min, du lun. au ven., 9h-22h50. Les bateaux ne naviguent pas lorsque le niveau de la mer est supérieur à la normale.
Horaires sur www.moviatrafik.dk (onglet *køreplaner*).

Le taxi

Vous pouvez l'attendre sagement à la station ou le héler dans la rue : s'il est libre, le mot *taxi* ou *fri* est allumé. Vous pouvez aussi le commander par téléphone mais c'est un peu plus cher. Tarif en vigueur : 24 Kr de prise en charge (37 Kr s'il a été réservé par téléphone) ; 14 Kr le km de 7h à 16h ; 17,90 Kr le km les nuits de ven. à sam., sam. à dim. et les j. fériés ; 6,75 Kr la min. d'attente ; supplément gros bagage ou vélo : 20 Kr. Le pourboire est toujours compris. Si vous souhaitez payer par carte bancaire, annoncez-le au chauffeur en début de course.
• **Taxa 4x35 : ☎ 35 35 35 35 – www.taxa.dk**
• **Dantaxi : ☎ 70 25 25 25 – www.dantaxi.dk**

À pied

La « ville intérieure » est peu étendue – 4 km² – ce qui devrait vous permettre de voir l'essentiel à pied, en toute liberté. **Évitez néanmoins de marcher sur les pistes cyclables, de traverser au rouge ou en dehors des passages piétonniers. Ici, l'amende n'est pas symbolique (700 Kr !).** Certains croisements sont dotés de signaux sonores et de feux à décompte : ils affichent le nombre de secondes qu'il vous reste pour traverser.

À voir, à faire

OFFICE DE TOURISME

• Wonderful Copenhagen (voir p. 10)

Vesterbrogade 4A – plan G8 – S-tog København H ou bus (2A, 5A, 9A, 10, 11A, 14, 26) – ☎ 70 22 24 42 www.visitcopenhagen.dk – Sept-avril : lun.-ven. 9h-16h, sam. 9h-14h ; mai-juin : lun.-sam. 9h-18h ; juil.-août : lun.-sam. 9h-20h, dim. 10h-18h.

Tout près de la Gare centrale et de l'entrée principale de Tivoli, Wonderful Copenhagen – WoCo pour les intimes – est une mine où vous trouverez dépliants, plans et programmes en libre-service. Pour toute demande d'info, réservation d'hôtel ou achat de CPH Card, prenez un numéro et patientez : selon les heures, il peut y avoir beaucoup de monde (826 690 visiteurs l'an dernier !).

LE *PASS* POUR VISITER MALIN

Si vous envisagez de visiter beaucoup de musées, procurez-vous la CPH Card. En vente à l'aéroport, à l'office de tourisme, dans plusieurs hôtels et en ligne, elle donne accès à 75 musées, châteaux et autres sites du Grand Copenhague et sert de billet illimité dans tous les transports publics de la région, de Roskilde à Elseneur.

CPH Card : www.copenhagencard.com – Tarif adulte : 299 Kr / 24h, 449 Kr / 48h, 529 Kr / 72h, 749 Kr / 120h.

VISITES GUIDÉES

La plupart des tours guidés sont réservés à des groupes déjà constitués. Pour les voyageurs individuels, il existe néanmoins mille et une façons d'explorer Copenhague. À commencer par la plus séduisante, le bateau-mouche !

SE BALADER DANS LES ENVIRONS

• POUR ALLER À ROSKILDE (P. 36) :
Tous les trains à destination d'Odense ou de Kalundborg s'arrêtent à Roskilde ; trajet au départ de la Gare centrale (København H) : 30 min ; prix : 192 Kr l'aller-retour (gratuit avec la *Copenhagen Card*).

• POUR ÉGRENER LES PERLES DE LA CÔTE (P. 38) :
La plupart des trains « Kystbanen » à destination de Helsingør (Elseneur) s'arrêtent à Klampenborg, Rungsted et Humlebæk ; trajet au départ de la Gare centrale (København H) : 33 min ; prix : 108 Kr l'aller-retour (gratuit avec la *Copenhagen Card*).

• POUR VOUS RENDRE À MALMÖ (P. 40) :
Toutes les 20 min, le train « Øresund » dessert les gares d'Østerport, Nørreport, København H, Lufthavnen et Malmö C ; trajet : 36 min ; prix : 168 Kr l'aller-retour (le billet donne un accès gratuit à tous les bus de Malmö).

En bateau

• Canal Tours

Billetterie : Gammel Strand (près de Højbro), Nyhavn – ☎ 32 96 30 00 (t. l. j. 8h-16h) www.canaltours.com

Canal Tours dispose d'une flottille de 16 bateaux et organise chaque jour deux grands tours guidés dans le port. Il n'y a qu'un seul départ quotidien en hiver mais quatre par heure à la belle saison, de 9h15 à 17h (19h30 de mi-juin à début sept.). Tarif : 75 Kr, durée 1h. Le tour au départ de Gammel Strand est gratuit pour les détenteurs de la CPH Card.
La formule *Open Tour hop-on hop-off* permet, pendant 24 h, de monter et de descendre à volonté du bateau. Il y a 14 arrêts (dont le fort de Trekroner et le beachclub Halvandet). Tarif : 95 Kr. Il existe également des mini-croisières

COPENHAGUE À VÉLO

C'est le moyen de transport le plus populaire, en toutes circonstances. Chaque jour ouvrable, les Copenhagois parcourent en moyenne 1,2 million de kilomètres à vélo (soit environ 2 km par habitant) !

PISTES CYCLABLES

Les premières pistes cyclables ont été créées ici en 1905. Aujourd'hui, la capitale compte 350 km de *cykelstier* (vraies pistes cyclables, extérieures à la chaussée), 23 km de *cykelbaner* (« bandes cyclables » séparées de la voie principale par une simple ligne blanche) et 43 km de *grønne cykelruter* (routes vertes aménagées le long des parcs, des lacs, de la mer, etc.). La municipalité a prévu de créer, d'ici 2026, 67 km de nouvelles « routes vertes » et 70 autres km de pistes cyclables. La carte du réseau – *Cykelkort København* – est disponible à l'office de tourisme (voir ci-contre) ou sur www.kk.dk/da/borger/trafik

CODES

Au Danemark, le cycliste est roi. Il a priorité sur tous les autres usagers de la route. Sauf aux arrêts de bus : là, il doit rester en retrait du bus pour que les passagers puissent descendre ou monter en toute sécurité.

Autre particularité : s'il veut tourner à gauche au bout de la piste, il doit descendre de sa monture et emprunter le passage piéton.

Pour le reste, le code est simple : respectez les marquages au sol et les feux ; ne traversez jamais au rouge (l'amende est de 1 000 Kr pour les cyclistes). Veillez à bien rouler à droite ; à klaxonner (une seule fois !) pour prévenir que vous souhaitez doubler ; à lever distinctement la main droite pour signaler aux autres que vous voulez vous arrêter.

Soyez vigilant aux heures de pointe : les Copenhagois roulent vite. Sur certains tronçons comme Nørrebrogade et Østerbrogade, les feux de signalisation sont synchronisés de telle sorte que 30 000 cyclistes peuvent parcourir 2,5 km en 7 min top chrono.

Sachez enfin qu'il est possible, moyennant l'achat d'un billet spécial *(cykelbillet)* de monter avec son vélo dans le métro, le *havnebus*, le train « Øresund » et le S-tog (sauf aux heures de pointe, de sept. à mai : 7h-9h et 15h30-17h30).

EN LIBRE SERVICE

Jusqu'en 2012, la municipalité mettait à la disposition des touristes, de la mi-avril à la mi-nov., 2 000 vélos gratuits. Ces *bycykler*, que l'on pouvait emprunter comme un caddie de supermarché en insérant dans la borne une simple pièce de 20 Kr, devraient être prochainement remplacés par une nouvelle génération de cycles moins faciles à vandaliser : de robustes *gobike* équipés d'un navigateur ultra-performant, que l'on pourrait réserver depuis son smartphone. Mais pour l'heure, le maire n'a pas encore donné son feu vert !

À LOUER

En attendant la mise en place de ce nouveau système, n'hésitez pas à louer une bicyclette. Ce n'est pas exorbitant – les tarifs sont dégressifs – et l'on trouve des loueurs un peu partout, surtout en été, qui proposent différents types de vélo (budget, standard, famille, tandem, avec panier, etc.). En général, une caution est exigée – de 300 à 1 000 Kr – ainsi qu'une pièce d'identité.

• Pedalatleten
Oslo Plads 9 (face à la station de S-tog Østerport – plan E2) ; ☎ 33 33 85 13 ; www.pedalatleten.dk ; lun.-ven. 8h-18h, sam. 10h-15h ; tarifs : 85 Kr (1 j.), 150 Kr (2 j.), 215 Kr. (3 j).

• Københavns Cyklebørs
Gothersgade 157 (près de l'angle S-O du Botanisk Have, S-tog Nørreport, plan G6) ; ☎ 33 14 07 17 ; www.cykelborsen.dk ; lun.-ven. 9h-17h30, sam. 10h-13h30 ; tarifs : 75 Kr (1 j.), 140 Kr (2 j.), 200 Kr. (3 j.), 350 Kr. la sem. ; caution : 300 Kr ; possibilité, après accord, de rendre le vélo les sam.-dim., jusqu'à 21h.

• Baisikeli
Ingerslevsgade 80 (S-tog Dybbølsbro – plan C5) ; ☎ 53 71 02 29 ; www.baisikeli.dk ; t. l. j. 10h-18h ; tarifs : 80 Kr (6h), 110 Kr (24h), 160 Kr (2 j.), 210 Kr (3 j.) ; pas de caution exigée. Il est possible de payer par carte bancaire, moyennant un supplément de 3,75 %, dans l'annexe de la Turesensgade (derrière Ørstedsparken – voir p. 27 – à 500 m de la station Nørreport ; ☎ 26 70 02 29 ; t. l. j. 10h-16h ; fermé en hiver).

avec orchestre de jazz (150 Kr ; 1h30) et dînette à bord (499 Kr ; 2 h).

À vélo

• Bike Mike Tours

Sankt Peders Stræde 47– G7 – Bus 5A, 6A, 11A ou 14

☎ 26 39 56 88 – www.bikecopenhagenwithmike.dk

Le *city tour* est une boucle de 12 km, « facile et classique », commentée en anglais, du Quartier Latin au Diamant noir *via* la Petite Sirène et Nyhavn : départ t. l. j. à 10h30 (et à 14h30 d'avril à oct., les mer. et sam.). Il existe aussi un *evening tour* de 24 km, à 18h ou 19h, d'avril à sept. Tarif : 290 Kr (pas de paiement par carte).

JOURS FÉRIÉS

- Nytårsdag **(Nouvel An) :** 1er janvier
- Skærtorsdag **(Jeudi saint) :** ± 28 mars
- Langfredag **(Vendredi saint) :** ± 29 mars
- Påskedag **(Dimanche de Pâques) :** ± 31 mars
- 2. Påskedag **(Lundi de Pâques) :** ± 1er avril
- St. Bededag **(Jour de la prière) :** 26 avril
- Kr. Himmelfartsdag **(Ascension) :** ± 9 mai
- Pinsedag **(Pentecôte) :** ± 19 mai
- 2. Pinsedag **(Lundi de Pentecôte) :** ± 20 mai
- Grundlovsdag **(fête nationale) :** 5 juin
- 1. Juledag **(Noël) :** 25 décembre
- 2. Juledag **(lendemain de Noël) :** 26 décembre.

En bus

• City Sightseeing

☎ 45 25 55 66 88 – www.sightseeing.dk

Le tour commenté en français *Hop On-Hop Off* permet, pendant 1 j., de monter et de descendre à volonté du bus. Il y a trois itinéraires: la *red line* (Rosenborg, Petite Sirène, Nyhavn), la *yellow line* (Carlsberg, Zoo, Vesterbro) et la *purple line* (Bourse, Christianshavn, Opéra). Tarifs : de 155 à 185 Kr selon le parcours.
Départ de la Vesterbrogade, face à l'hôtel Radisson (plan G7).

À pied

• Copenhagen Walks

☎ 60 43 48 26 – www.copenhagenwalks.com

De la mi-mai à la mi-sept., balades guidées en anglais, au départ de l'office de tourisme (p. 130), à la découverte du Copenhague romantique, royal ou littéraire sur les pas d'Andersen et de Kierkegaard (voir p. 60). Tarif : 100 Kr.

• Historical City Walks

☎ 28 29 44 35 – www.historytours.dk

D'avril à sept, tours guidés en anglais par un historien le sam. à 10h au départ de Højbro Plads (plan H7). Le thème dépend de la semaine : Copenhague au temps de la Réforme, le XIXe siècle… Tarif : 80 Kr. Pas de réservation nécessaire.

• Balades architecturales organisées par le Dansk Arkitektur Center, voir p. 18.

MUSÉES ET CHÂTEAUX

En règle générale, les musées sont ouverts du mar. au dim. de 10h à 17h. Quelques-uns font « nocturne » le mer. jusqu'à 20h. Hors saison, les horaires – ceux des châteaux notamment – sont plus restreints (11h-14h). Le billet d'entrée varie de 55 Kr (Dansk Design Center, p. 11) à 95 Kr (Louisiana, p. 39). **L'accès aux collections permanentes** du Nationalmuseum (p. 15) et du Statens Museum for Kunst (p. 25) est **libre** pour tous. D'autres musées sont **gratuits** certains jours. C'est le cas des Thorvaldsen Museum (p. 16), Hirschsprungske Samling (p. 25), Orlogsmuseum (p. 19) – tous trois gratuits le mer. –, du Københavns Museum (p. 30, gratuit le ven.) et de la Carlsberg Glyptotek (p. 11, gratuite le dim.).

PROGRAMME

Quelques pistes pour connaître l'actualité des musées, cinémas et salles de concerts ? Reportez-vous à l'encadré **« Expositions temporaires »** (p. 5) et à notre rubrique **« S'informer »** (p. 108). Pour les galeries d'art, consultez **le dépliant « CPH artguide »** (disponible à l'office de tourisme) ou sa version en ligne : **www.cphartguide.dk**

Et le budget ?

Une fois payés l'hôtel et le transport (700 €), il vous faut compter, pour deux jours, sur un budget de 350-400 € environ, à dépenser sur place en transports, restaurants, musées, cafés, etc. Comptez 38 Kr pour un thé ou un jus de fruit, 55 Kr une part de cheesecake, 75 Kr l'entrée à la Glyptotek ou au Design Museum, 99 Kr la formule buffet chez Riz Raz (p. 15), 225 Kr un menu 2 plats pour 1 personne, 380 Kr un petit déjeuner pour 2 chez Granola (p. 31), 449 Kr pour une CPH Card 48 h et 700 Kr pour un dîner à deux.

COMMENT PAYER ?

Le Danemark ne fait pas partie de la zone euro. La monnaie danoise est la couronne (*krone*, en abrégé Kr ou DKK) divisée en 100 øre. Il existe des billets de 50, 100, 200, 500 et 1 000 Kr, des pièces de 50 øre, 1, 2, 5, 10 et 20 Kr. Pour connaître le taux de change actuel, consultez la page internet www.xe.com/fr/currency.dkk
En août 2013, 1 € valait 7,45 DKK ; 1 DKK = 0,13 €.
Il est plus avantageux de changer ses devises dans une banque (type Danske Bank) que dans les kiosques (type Forex). **Le bureau de change qui affiche le meilleur taux est l'agence Tavex située au n° 6 de la Skoubogade** (www.tavex.dk).
Vous pouvez aussi retirer des couronnes à un distributeur automatique avec votre carte, à condition toutefois de limiter le nombre de retraits, votre banque prélevant une commission sur chaque opération (env. 2,70 % du montant + taxe fixe).
Pour le paiement dans les commerces et le remboursement de la TVA, voir p. 64 et p. 80.
Par ailleurs, en Suède aussi, la monnaie est la couronne (*krona*, en abrégé Kr ou SEK) mais ce n'est pas la même qu'au Danemark : si vous allez de l'autre côté du Sund, pensez à retirer des SEK au distributeur de la gare de Malmö !
En août 2013, 1 € valait 8,72 SEK ; 1 SEK = 0,11 €.

INFOS TRÈS TRÈS PRATIQUES

ALPHABET

Dans les annuaires, index ou dictionnaires, vous trouverez les mots ou noms commençant par Æ, Ø, Å à la fin car ces lettres-là sont les dernières de l'alphabet. Notez que les mots peuvent se présenter sous des formes différentes : en danois, l'article défini se place après le nom et s'agglutine à lui. Donc : *rådhus* (mairie), *rådhuset* (la mairie), *museum* (musée), *museet* (le musée)...

VOLTAGE ET HEURE LOCALE

Le courant est le même qu'en France (220 volts) et les prises sont identiques.
Pas de décalage horaire entre Copenhague et Paris.

POURBOIRE

Il n'est plus dans les usages de donner un pourboire au chauffeur de taxi, au coiffeur ou au serveur. Dans les hôtels, restaurants et cafés, le service est toujours inclus.

ÉCRIRE ET TÉLÉPHONER

• **Les timbres (*frimærker*)** sont vendus dans les bureaux de poste. Les boîtes aux lettres, rouges, portent l'inscription *post*. Tarif : 12,50 Kr pour une carte postale vers la France.
Posthus **: Købmagergade 33 ; plan H7 ; lun.-ven. 10h-18h, sam. 10h-14h.**

• **Pour téléphoner** à Copenhague depuis la France, composez le 00 45 (indicatif du Danemark) suivi du numéro de votre correspondant.
Pour appeler Malmö depuis Copenhague ou depuis la France, composez le 00 46 (indicatif de la Suède) suivi du numéro de votre correspondant sans le 0 initial.
Pour appeler la France depuis Copenhague ou depuis Malmö, composez le 00 33 suivi du numéro de votre correspondant sans le 0 initial.
Les cabines publiques fonctionnent avec des pièces de 50 øre, 1, 2, 5 Kr (elles ne rendent pas la monnaie !) ou des cartes prépayées (*telekort*) de 30, 50 ou 100 unités en vente dans les bureaux de poste et en kiosque, comme la Tele Station de la Gare centrale (Banegårdspladsen 1 ; plan G8 ; www.telestation.dk ; lun.-sam. 10h-19h, dim. 11h-18h).

ADRESSES ET NUMÉROS UTILES

- ☎ **112** (police, ambulance ou pompiers)
- ☎ **114** (commissariat le plus proche)
- ☎ **3874 8822** (objets trouvés)
- **Ambassade de France :**
Kongens Nytorv 4 ; I7 ; ☎ 33 67 01 00 ; www.ambafrance-dk.org ; lun-ven. 9h-13h et 13h30-17h30 (15h30 le ven.)

Nos hôtels par quartiers

Donnés à titre indicatif, les prix annoncés correspondent à une chambre double standard, petit déjeuner compris sauf mention contraire, en basse et haute saison, sans les taxes.

Rådhuspladsen
Visite 1 – p. 10

Hotel Danmark

Vester Voldgade 89 (H8)
Bus 11A ou 14
☎ 33 11 48 06
Ⓕ 33 14 36 30
www.hotel-danmark.dk
Entre 800 et 2 000 Kr.

Un 3-étoiles bien situé, doté d'une cour où l'on peut petit-déjeuner en été. La déco des chambres est soignée ; celle du lobby, un mix réussi de lambris, verre et papier peint anisé. Tarif week-end : autour de 1 500 Kr.

Hotel Alexandra

H. C. Andersens Boulevard 8 (G7)
Bus 2A, 5A, 6A ou 66
☎ 33 74 44 44
Ⓕ 33 74 44 88
www.hotelalexandra.dk
Meilleurs tarifs : de 940 à 1 652 Kr.

Le mobilier de cet hôtel, inauguré en 1910, a été conçu par des pionniers du design danois. On a le choix entre la suite Verner Panton (35 m^2), la chambre Finn Juhl avec vue sur cour, la Danish retro superior de 14 m^2... Original !

Entre Strøget et Nørreport
Visite 2 – p. 12

Hotel Fox

Jarmers Plads 3 (G7)
Bus 2A, 5A, 6A ou 66
☎ 33 97 77 55
Ⓕ 33 14 30 33
www.hotelfox.dk
Meilleurs tarifs : de 1 063 à 1 315 Kr
Petit déjeuner en sus : 155 Kr.

Pour sortir des sentiers battus ? Essayez le Fox mais choisissez bien votre chambre avant de réserver : elles ont été décorées par 21 artistes débordant d'imagination et certaines sont... moins reposantes que d'autres.

Entre Strøget et Nationalmuseet
Visite 3 – p. 14

Hotel Twentyseven

Løngangstræde 27 (H8)
Bus 11A ou14
☎ 70 27 56 27
Ⓕ 70 27 96 27
www.firsthotels.dk
Meilleur tarif : 1 315 Kr.

On comprend qu'il ait été élu « l'hôtel le plus *trendy* de Copenhague » en 2011 : ses 200 chambres d'un style scandinave savamment épuré semblent tout droit sorties d'un magazine de déco ! Bon rapport qualité/prix.

Kongens Nytorv
Visite 6 – p. 20

Hotel City

Peder Skrams Gade 24 (I7)
Bus 11A, 66 ou M° Kongens Nytorv
☎ 33 13 06 66
Ⓕ 33 13 06 67
www.hotelcity.dk
De 1 200 à 1 600 Kr.

À deux pas du « port intérieur », un hôtel de 1955 (les clients, à l'époque, étaient surtout des marins en escale), rénové en 2009. La déco ? Des sièges design de Jacobsen et Gubi, des photos de jazzmen... Attention : les lits des singles sont étroits ! Promotions sur le site.

Copenhagen Strand

Havnegade 37 (I7)
Bus 11A, 66 ou M° Kongens Nytorv
☎ 33 48 99 00
Ⓕ 33 48 99 01
www.copenhagenstrand.dk
B & B : entre 1 032 et 1 678 Kr.

Joliment situé face au « port intérieur », un ancien entrepôt en briques de 1869 converti en hôtel 3-étoiles de 174 chambres qui affichent un décor assez classique et plusieurs types de tarifs *(romantisk weekend, miniferie...)*. La formule « bed & breakfast » est très intéressante.

Opera

Tordenskjoldsgade 15 (I7)
Bus 11A, 66 ou M° Kongens Nytorv
☎ 33 47 83 00
Ⓕ 33 47 83 01
www.hotelopera.com
De 1 890 à 1 990 Kr
Petit déjeuner en sus : 95 Kr.

Les prix de cet aimable 3-étoiles situé à 2 min du métro, dans un ancien pensionnat du XIXe s., varient considérablement selon le calendrier. Certains jours, le tarif d'une double prépayée tombe à 1 350, voire 759 Kr !

Frederiksstaden
Visite 7 – p. 22

Neptun

Sankt Annæ Plads 18-20 (I7)
Bus 11A, 66
ou Havnebus 991/992
☎ 33 96 20 00
Ⓕ 33 96 20 66

www.nordicchoicehotels.com
Autour de 1 000 Kr.

À un saut de puce de Nyhavn, un ancien hôtel de passe (il fallait chuchoter le mot Neptun pour y accéder !), converti en un charmant 4-étoiles de 113 chambres et suites, relookées en 2008. Petit déj' bio ; le soir, buffet léger gratuit. La terrasse sur le toit est ouverte en été.

Esplanaden

Bredgade 78 (E3)
Bus 1A ou Havnebus 991/992
☎ 33 48 10 00
F 33 48 10 66
www.firsthotels.dk
De 1 300 à 2 000 Kr.

Pour dormir à deux pas de la Petite Sirène et s'adonner aux joies du jogging dans les allées de Kastellet, rien de tel que cet hôtel de 117 chambres de style scandinave. Thé ou café à volonté et point « Internet » dans le lobby.

Admiral Hotel

Toldbodgade 24-28 (I6)
Bus 11A ou 66, Havnebus 991/992
☎ 33 74 14 14
F 33 74 14 16
www.admiralhotel.dk
De 1 540 à 2 140 Kr.

Aménagé au bord de l'eau, dans un vieil entrepôt de céréales (1787), cet hôtel plutôt chic, mi-rustique mi-design, propose sur son site d'intéressantes promos (parfois, la double prépayée n'excède pas les 985 Kr).

Rosenborg
Visite 8 – p. 24

Generator

Adelgade 5-7 (I6)
Bus 11A ou M° Kongens Nytorv
☎ 78 77 54 00
www.generatorhostels.com
500 Kr
Petit déjeuner en sus : 65 à 75 Kr.

Moins douillet qu'un hôtel, mieux tenu qu'une AJ, le Generator de Copenhague dispose de plusieurs chambres doubles basiques mais ultra-fonctionnelles. Une bonne solution pour ne pas avoir à casser sa tirelire. Consigne à bagages et à vélos, réception ouverte 24h/24.

Hotel Østerport

Oslo Plads 5 (E2)
Bus 1A ou S-tog Østerport
☎ 70 12 46 46
F 33 12 25 55
www.firsthotels.dk
De 1 300 à 2 000 Kr.

Un ancien abri de la Seconde Guerre mondiale, transformé en hôtel ultra-moderne de 170 chambres. Très pratique pour rallier l'aéroport en DSB Øresund ou rayonner en S-tog (la station se trouve juste en face). Petit déjeuner façon take-away. Location de vélos.

Nansensgade
Visite 9 – p. 26

Ibsens Hotel

Vendersgade 23 (G6)
Bus 5A, 6A, 11A, 14,
M° ou S-tog Nørreport
☎ 33 13 19 13
Réservations : ☎ 33 95 77 44
www.brochner-hotels.dk
De 1 300 à 2 000 Kr
Petit déjeuner bio, en sus : 155 Kr.

Près des lacs, un hôtel *hyggelig* (« cosy ») à l'esthétique plaisante. Plusieurs créateurs de la rue ont contribué, en 2011, à la déco de ses différentes catégories de chambres (*small*, *tiny*, *medium*...) : Krestine Kjærholm a réalisé les textiles, Piet Breinholm le cuir des porte-clefs...

Vesterbro
Visite 11 – p. 30

Wakeup Copenhagen

Carsten Niebuhrs Gade 11 (D5)
Bus 11A ou S-tog Dybbølsbro
☎ 44 80 00 00
F 44 80 00 01
www.wakeupcopenhagen.com
400 Kr *(economy)* ou 500 Kr *(flex)*
Petit déjeuner en sus : 70 Kr.

À mi-chemin entre le centre commercial Fisketorvet et la Gare centrale, cet immeuble de 2009, signé Kim Utzon, empile 510 chambres de 12 à 15 m^2 sur 12 étages. Les tarifs *economy* ne sont ni modifiables ni remboursables. Seules les *heaven* à 700 Kr ont une vue « panoramique ».

Axel

Helgolandsgade 11 (C4)
Bus 6A, 10, 14, 26 ou
S-tog København H
☎ 33 31 32 66
F 33 31 69 70
www.hotelguldsmeden.dk
Meilleurs tarifs : de 1 145 à 1 445 Kr
Petit déjeuner en sus : 165 Kr.

Ce 4-étoiles de 2007, qui cultive un style mi-balinais mi-scandinave avec tapis persans, lits à baldaquin et duvets d'oie, est non seulement charmant et branché mais aussi... éco-responsable ! Spa (payant) en libre-service.

Bertrams

Vesterbrogade 107 (B4)
Bus 6A ou 26
☎ 33 25 04 05
F 33 25 04 02
www.hotelguldsmeden.dk
Meilleurs tarifs : de 1 526 à 1 866 Kr
Petit déjeuner en sus : 95 Kr.

Dans un immeuble de 1906, 47 chambres à la déco minimaliste mais inspirée : briques apparentes, parquets peints en blanc... Les standard plus et superior donnent sur le jardin. Produits d'accueil et petit déj' 100 % bio.

LES VOYELLES

- **e** = parfois ***é*** fermé *(se,* voir) ; parfois ***è*** ouvert *(stjerne,* étoile) ; en finale, comme le ***e*** de « mange » *(have,* jardin) ; exceptionnellement ***i*** *(de,* « les, ils, elles, vous »)
- **u** = ***ou*** comme dans « chou »
- **y** = ***u*** comme dans « lune »
- **æ** = ***è*** comme dans « tête »
- **ø** = parfois ***eu*** fermé comme dans « peu » *(hø,* foin) ; parfois ***œu*** ouvert comme dans « cœur » *(dør,* porte)
- **å** = tantôt ***o*** fermé comme dans « mot » *(skole,* école) ; tantôt ***o*** ouvert comme dans « grotte » *(måtte,* paillasson)

LES CONSONNES

- **d** = entre deux voyelles ou à la fin d'un mot, se prononce plutôt comme le ***th*** anglais de *father (bad,* bain) ; mais muet devant t, s et après n, r, l *(told,* douane)
- **g** = parfois dur comme dans « gai » *(gade,* rue) ; parfois muet *(kage,* gâteau) ; **eg** et **øg** se prononcent ***aï*** et ***œuï***
- **h** = très aspiré mais muet devant un v ou un j *(hvor,* où)
- **j** = ***y*** comme dans « balayer »
- **ng** = comme dans « camping »
- **s** = toujours ***ss*** (jamais z)
- **v** = ***v*** sauf dans *syv* (sept), où le v se prononce ***ou*** ; et dans *havn* (port), où il se prononce plutôt ***au.***

EXPRESSIONS USUELLES

Salut ! : *hej !*
Bonjour (avant 9 h) : *god morgen*
Bonjour (journée) : *goddag*
Bonsoir : *god aften*
Bonne nuit : *god nat*
Au revoir : *farvel*
Madame : *fru*
Mademoiselle : *frøken*
Monsieur : *herre*
Je ne comprends pas : *jeg forstår ikke*
Merci : *tak*
Je vous en prie : *selv tak*
S'il vous plaît : *vær så venlig*
Oui/non : *ja/nej*
Excusez-moi : *undskyld*
Parlez-vous français ? : *taler du fransk ?*
Hyggelig : confortable, cosy, douillet

ESPACE ET TEMPS

Où se trouve… ? : *Hvor ligger… ?*
À droite : *til højre*
À gauche : *til venstre*
Tout droit : *lige ud*
Quand : *hvornår ?*
Aujourd'hui : *i dag*
Hier : *i går*
Avant-hier : *i forgårs*
Demain : *i morgen*
Après-demain : *i overmorgen*
Maintenant : *nu*
Ce matin : *i morges*
Ce soir : *i aften*
Lundi : *mandag*
Mardi : *tirsdag*
Mercredi : *onsdag*
Jeudi : *torsdag*
Vendredi : *fredag*
Samedi : *lørdag*
Dimanche : *søndag*
Quelle heure est-il ? *hvad er klokken ?*

FAIRE DU SHOPPING

Je voudrais… : *jeg vil gerne have…*
Combien coûte… ? *hvad koster… ?*
Anorak : *vindjakke*
Bas : *strømper*
Bonnet : *hue*
Bottes : *støvler*
Ceinture : *bælte*
Chapeau : *hat*
Chaussettes : *sokker*
Chaussure : *sko*
Chemise : *skjorte*
Costume : *sæt tøj*
Coton : *bomuld*
Cravate : *slips*
Cuir : *læder*
Écharpe : *tørklæde*
Gants : *handsker*
Imperméable : *regnjakke*
Jupe : *nederdel*
Laine : *uld*
Manteau : *frakke*
Pantalon : *bukser*
Parapluie : *paraply*
Prix : *pris*
Pull, chandail : *jumper*
Robe : *kjole*
Soie : *silke*
Sous-vêtements : *undertøj*
Talon : *sål*
TVA : *moms*
Velours : *fløjl*
Veste : *jakke*

LES NOMBRES

Zéro : *nul*
Un : *en*
Deux : *to*
Trois : *tre*
Quatre : *fire*
Cinq : *fem*
Six : *seks*
Sept : *syv*
Huit : *otte*
Neuf : *ni*
Dix : *ti*
Onze : *elleve*
Douze : *tolv*
Treize : *tretten*
Quatorze : *fjorten*
Quinze : *femten*
Seize : *seksten*
Dix-sept : *sytten*
Dix-huit : *atten*
Dix-neuf : *nitten*
Vingt : *tyve*
Vingt-et-un : *en og tyve*
Trente : *tredive*
Quarante : *fyrre*
Cinquante : *halvtreds*
Soixante : *tres*
Soixante-dix : *halvfjerds*
Quatre-vingt : *firs*
Quatre-vingt-dix : *halvfems*
Cent : *hundrede*
Deux-cents : *to hundrede*
Mille : *tusind*

À L'HÔTEL

Auriez-vous une chambre : *har du et ledigt værelse ?*
Une chambre simple : *et enkeltværelse*

Une chambre double :
et dobbeltværelse
Avec salle de bains :
med bad
Pouvez-vous me réveiller à... heures ? :
vil du være så venlig at vække mig klokken... ?
Petit déjeuner :
morgenmad
La clé : *nøglen*

AU RESTAURANT

Addition (l') : *regningen*
Aneth : *dild*
Anguille : *ål*
Assiette : *tallerken*
Betteraves : *rødbeder*
Beurre : *smør*
Bière : *øl*
Bœuf rôti : *oksesteg*
Boulettes de viande :
frikadeller
Bouteille : *flaske*
Café : *kaffe*
Canard : *and*
Cannelle : *kanel*
Carottes : *gulerødder*
Carte (la) : *menukortet*
Cerises : *kirsebær*
Chaud : *varm*
Choux : *kål*
Cidre : *æblemost*
Coings : *kvæde*
Concombre : *salatagurk*
Cornichon : *sylteagurk*
Couteau : *kniv*
Crevettes : *rejer*
Cuillère : *ske*
Cumin : *kommen*
Déjeuner : *frokost*
Dîner : *aftensmad*
Eau (minérale) :
(mineral)vand
Flétan : *hellefisk*
Fourchette : *gaffel*
Fraises : *jordbær*
Framboises : *hindbær*
Froid : *kold*
Fromage : *ost*
Fruits : *frugt*
Gâteau : *kage*
Gibier : *vildt*
Glace : *is*
Hareng : *sild*
Haricots verts :
grønne bønner
Huile : *olie*
Jambon : *skinke*
Jus de fruit : *frugtsaft*
Lait : *mælk*
Miel : *honning*
Morue : *torsk*
Moutarde : *sennep*
Noix : *nødder*
Œuf : *æg*
Oignon : *løg*
Oranges : *appelsiner*
Pain blanc : *franskbrød*
Pain de seigle : *rugbrød*
Pâté de foie : *leverpostej*
Petit déjeuner :
morgenmad
Petits pois : *ærter*
Poires : *pærer*
Poisson : *fisk*
Poivre : *peber*
Pommes : *æbler*
Pommes de terre : *kartofler*
Poulet : *kylling*
Prunes : *blommer*
Rhubarbes : *rabarber*
Rôti de porc : *flæskesteg*
Salade : *salat*
Sans alcool : *alkoholfri*
Saucisse : *pølse*
Saumon (fumé) :
(røget) laks
Sel : *salt*
Sucre : *sukker*
Tasse : *kop*
Thé : *te*
Verre : *glas*
Viande : *kød*
Vin blanc : *hvidvin*
Vin rouge : *rødvin*
Vinaigre : *eddike*

EN VILLE

Aéroport : *lufthavn*
Arrêt : *stoppested*
Arrivée : *ankomst*
Avenue : *allé*
Banque : *bank*
Bateau : *båd*
Bateau-bus : *havnebus*
Billet : *billet*
Bureau de change :
vekselkontor
Château : *slot*
Consigne : *garderobe*
Départ : *afgang*
Distributeur :
pengeautomat
Église : *kirke*
Essence : *benzin*
Forêt : *skov*
Gare : *station*
Gare centrale :
hovedbanegård
Hôpital : *sygehus*
Horaire : *køreplan*
Hôtel de ville : *rådhus*
Île : *ø*
Jardin : *have*
Lac : *sø*
Maison : *hus*
Mer : *hav*
Objets trouvés : *hittegods*
Pharmacie : *apotek*
Piste cyclable : *cykelsti*
Place : *torv, plads*
Plage : *strand*
Police : *politi*
Pont : *bro*
Port : *havn*
Poste : *posthus*
Quai (de gare) : *perron*
RER : *S-tog*
Route : *vej*
Rue : *gade*
Station-service :
tankstation
Train : *tog*
Voie : *spor*

LES PANNEAUX

Åben : *ouvert*
Blind vej : *voie sans issue*
Ensrettet : *sens unique*
Gågade : *rue piétonne*
Gangsti : *passage piéton*
Glat vej : *chaussée glissante*
Ikke rygere : *non fumeur*
Indgang : *entrée*
Lukket : *fermé*
Nødudgang :
sortie de secours
Optaget : *occupé*
Parkering forbudt :
stationnement interdit
Pas på : *attention !*
Told : *douane*
Træk ! : *tirez !*
Tryk ! : *poussez !*
Udgang : *sortie*
Undtaget : *excepté, sauf*
Vejarbejde : *travaux*

À noter : dans les annuaires, index ou dictionnaires, vous trouverez les mots ou noms commençant par Æ, Ø, Å à la fin car ces lettres-là sont les dernières de l'alphabet.

A

B

C

D

E

F

G

H

I/J

K

L

M

e guide a été établi par Jean-Philippe Follet, qui adresse ses remerciements à Jacqueline Eichmann, ichèle Follet-Beckman, Tomas Beckman, Pierre et Gitte Follet-Beckman.

nt également collaboré à cette édition : Marion Berthon, Béatrice Bohas, Aurélie Joiris-Blanchard t Laure Méry.

artographie : Frédéric Clémençon et Aurélie Huot.
onception graphique de la couverture et de la maquette intérieure : Thibault Reumaux.
ouverture : Thibault Reumaux.
lise en pages intérieure : Chrystel Arnould.
ontact publicité : vhabert@hachette-livre.fr – ☎ 01 43 92 32 52.
ontact presse : rmazef@hachette-livre.fr – ☎ 01 43 92 36 66.

crivez-nous :

ussi soigneusement qu'il ait été établi, ce guide n'est pas à l'abri des changements de ernière heure, des erreurs ou omissions. Ne manquez pas de nous faire part de vos emarques. Informez-nous aussi de vos découvertes personnelles, nous accordons la plus grande nportance au courrier de nos lecteurs :

uides *Un grand week-end* – Hachette Tourisme
3, quai de Grenelle – 75905 Paris Cedex 15
-mail : weekend@hachette-livre.fr

rédit photographique

ntérieur :
outes les photographies de cet ouvrage ont été réalisées par **Romain Boutillier.**

ouverture :
omain Boutillier

onformément à une jurisprudence constante (Toulouse 14-01-1887), les erreurs ou omissions involontaires ui auraient pu subsister dans ce guide, malgré nos soins et les contrôles de l'équipe de rédaction, ne sauaient engager la responsabilité de l'éditeur.

e contenu des annonces publicitaires insérées dans ce guide n'engage en rien la responsabilité e l'éditeur.

© Hachette Livre (Hachette Tourisme), **2013**
Tous droits de traduction, de reproduction et d'adaptation réservés pour tous les pays.
Cartographie © Hachette Tourisme

Édité par Hachette Livre (43, quai de Grenelle, 75905 Paris Cedex 15)
Imprimé par Polygraf (Capajevova 44, 08199 Presov, Slovaquie)
Achevé d'imprimer : Octobre 2013
ISBN : 978-2-01-240742-8 – 24-0742-7
Dépôt légal : Octobre 2013 – Collection Nº 44 – Édition : 01

UN GRAND WEEK-END

- Amsterdam
- Athènes
- Barcelone
- Berlin
- Bruxelles
- Budapest
- Dublin
- Édimbourg
- Fès, Meknès
- Florence
- Genève
- Istanbul
- Lisbonne
- Londres
- Madrid
- Marrakech
- Metz
- Montréal
- Naples
- New York
- Paris
- Prague
- Rome
- Saint-Pétersbourg
- Séville
- Stockholm
- Venise
- Vienne

weekend@hachette-livre.fr
www.facebook.com/GuidesUnGrandWeekend